G
382
4

Les Musiciens Célèbres

OFFENBACH

par René BRANCOUR

LES MUSICIENS CÉLÈBRES

OFFENBACH

A LA MÊME LIBRAIRIE

LES MUSICIENS CÉLÈBRES

COLLECTION D'ENSEIGNEMENT ET DE VULGARISATION

Placée sous le Haut Patronage de l'Administration des Beaux-Arts.

Fondée par Elie POIRÉE

DIRECTEUR : M. André PIRRO

Professeur à la Sorbonne.

Chaque volume de format in-8 (21 × 14) contient 128 pages et 12 planches hors texte.

Auber, par Ch. MALHERBE.
Bach, par Th. GÉROLD
Beethoven, par Vincent D'INDY.
Berlioz, par Arthur COQUARD.
Bizet, par Henry GAUTHIER-VILLARS.
Boïeldieu, par Lucien AUGÉ DE LASSUS.
Chopin, par Elie POIRÉE.
Clavecinistes (Les), par André PIRRO.
Couperin, par A. TESSIER.
Félicien David, par René BRANCOUR.
Debussy, par Charles KŒCHLIN.
Glinka, par M.-D. CALVOCORESSI.
Gluck, par Jean d'UDINE.
Gounod, par P.-L. HILLEMACHER.
Grétry, par Henri de CURZON.
Hændel, par Michel BRENET.
Hérold, par Arthur POUGIN.
Lalo, par Georges SERVIÈRES.
Liszt, par M.-D. CALVOCORESSI.
Lully, par Henri PRUNIÈRES.
Luthistes (Les), par Lionel DE LA LAURENCIE.
Massenet, par Charles BOUVET.
Méhul, par René BRANCOUR.
Mendelssohn, par P. de STŒCKLIN.

Meyerbeer, par Henri DE CURZON.
Mozart, par Camille BELLAIGUE.
Musique Chinoise (La), par L. LALOY.
Musique Grégorienne (La), par Dom Augustin GATARD.
Musique militaire (La), par Michel BRENET.
Musique des Troubadours (La), par Jean BECK.
Offenbach, par René BRANCOUR.
Organistes (Les), par Félix RAUGEL.
Paganini, par J.-G. PROD'HOMME.
Primitifs de la Musique française (Les), par Amédée GASTOUÉ.
Rameau, par Lionel de la LAURENCIE.
Reyer, par Adolphe JULLIEN.
Rossini, par Lionel DAURIAC.
Schubert, par L.-A. BOURGAULT-DUCOUDRAY.
Schumann, par Camille MAUCLAIR.
Smetana, par J. TIERSOT.
Verdi, par Camille BELLAIGUE.
Violonistes (Les), par M. PINCHERLE.
Weber, par Georges SERVIÈRES.

Histoire de la Langue Musicale, par MAURICE EMMANUEL. 2 vol. in-8° avec 683 exemples musicaux . . . 80 fr. (*Ouvrage couronné par l'Institut.*)

Histoire des Instruments de Musique, par René BRANCOUR. 1 vol. in-8°, 16 planches hors texte . . . . . 25 fr. (*Ouvrage couronné par l'Académie française.*)

Le Ballet de Cour en France avant Benserade et Lully, par Henry PRUNIÈRES. 1 vol. in-8°, 16 pl. hors texte, nombreuses notations musicales. 15 fr. (*Ouvrage couronné par l'Institut.*)

Qu'est-ce que la Danse, par Jean d'UDINE, 1 vol. in-8°. 16 planches hors texte. Prix . . . . 15 fr.

Wagner, par Elie POIRÉE. 1 vol. in-8°, 16 planches hors texte . . . 20 fr.

Essais de Technique et d'Esthétique Musicales. *Le Discours musical. Son principe. Ses formes expressives.* Précédé d'une étude sur *Les Maîtres Chanteurs* de WAGNER, par E. POIRÉE. 1 vol. in-8, 650 notations musicales. Prix . . . . 30 fr.

La Vie intérieure de Schumann, par Robert PITROU. 1 vol. in-8, 8 pl. hors texte. 20 fr.
Qu'est-ce que la musique, par Jean d'UDINE. 1 vol. in-8, 16 pl. hors texte. . . 15 fr.

LES MUSICIENS CÉLÈBRES

OFFENBACH

PAR

RENÉ BRANCOUR

Conservateur honoraire du Musée du Conservatoire national de musique.

BIOGRAPHIE CRITIQUE

ILLUSTRÉE DE DOUZE PLANCHES HORS TEXTE

PARIS

LIBRAIRIE RENOUARD

HENRI LAURENS, ÉDITEUR

6, RUE DE TOURNON (VIᵉ)

1929

Tous droits de traduction, de reproduction et d'adaptation
réservés pour tous pays.

A MA CHÈRE BERTHE

R. B.

Copyright by Henri Laurens, 1929.

OFFENBACH

I

LES ANNÉES DE DÉBUT

« Je suis né à Cologne en 1821. Mon père, un fervent de la musique, m'enseigna de bonne heure le violon. A sept ans je n'en jouais pas mal, mais déjà je songeais à la composition plus qu'à tous les exercices, à toutes les gammes du monde.

« Trois années plus tard, mon père rentre un soir à la maison, suivi d'un violoncelle qu'il venait d'acheter. J'ai à peine aperçu l'instrument nouveau que je dis mon désir d'abandonner pour lui le violon ; mes parents s'y refusent, prétextant ma santé, inquiets qu'ils étaient de mon apparence chétive. Je feins de me résigner, mais dès lors je guette chacune de leurs sorties et, aussitôt la porte de la rue fermée sur eux, je m'empare de la basse et, dans ma chambre verrouillée, j'étudie avec acharnement. Quelques mois après on m'emmène dans une maison amie où, chaque semaine, on jouait des quatuors. On était depuis longtemps au complet ; seul le violoncelle n'avait pas encore paru. On s'impatiente, on se désole à la pensée de remettre à huit jours l'exé-

cution de l'œuvre de Haydn, quand je m'approche de
mon père et lui demande à l'oreille s'il me permet de
remplacer le retardataire ; d'avance je suis sûr de réussir.

« Mon père part d'un éclat de rire, et le maître de la
maison demande le motif de cet accès de gaîté. « Pour-
« quoi ne pas le laisser essayer ? — Mais il n'a jamais
« touché une basse ! » Tout en rougissant je fais l'aveu
de ma désobéissance.

« Sans perdre de temps à me gronder on me remet
entre les mains le violoncelle tant désiré, et je fais ma
partie aux applaudissements de tout le monde. »

Ainsi s'exprimait Jacques Offenbach, en une page où
il s'était plu à noter ses souvenirs. Ajoutons-y un bref
commentaire.

Et d'abord il semble bien que la date de sa naissance
doive être reculée de deux années. Notons aussi que
son père se nommait Juda Eberscht — ou Jacob Lévy,
Israélite (du moins on le suppose)... Jacques prit le nom
d'une ville où l'on fabrique des couteaux et des instruments de musique, et fit d'ailleurs sagement en échan-
geant l'un ou l'autre des vocables paternels contre le
sonore *Offenbach*[1]. Rappelons que Mendelssohn avait
dirigé à Cologne, en 1835, un festival auquel Offenbach
avait pu assister, et aussi qu'un des plus beaux *lieder*

---

[1] Offenbach, en ses *Notes d'un musicien en voyage*, dont il sera parlé
plus loin, écrit : « Un autre (Américain) avait parié que j'étais origi-
naire de Cologne. Un troisième avait affirmé que ma patrie était la
petite ville allemande d'*Offenbach*, connue par sa fabrique de coutel-
lerie. »

de Schumann s'unit aux vers de Henri Heine pour célébrer cette ville et sa cathédrale.

On a vu que le père du jeune musicien était féru de musique. Un de ses ancêtres s'y était adonné aussi, et on lui doit un *Recueil de Chants hébraïques* « pour l'usage des solennités qui ont lieu dans le sein des familles pendant les premières soirées de la fête Matzoth ».

Observons enfin que le violoncelle tant chéri joua un rôle important dans la carrière de son possesseur : rôle double, comme symbole et comme talisman. Assurément le bon Clairville, « membre titulaire et président du *Caveau* », n'exagérait pas trop lorsqu'il consacrait à cet instrument l'une de ses plus vibrantes chansons, qui le lie indissolublement à la gloire d'Offenbach.

Cologne devint bientôt insuffisante à l'éducation musicale de celui-ci, et son père l'emmena à Paris, ainsi que l'aîné, passable violoniste. Une anecdote rapportée par le suspect Jacquot (lequel se revêtait de l'élégant pseudonyme d'Eugène de Mirecourt) nous montre comment le talent de notre Jacques triompha d'un règlement interdisant aux étrangers l'accès du Conservatoire : « Des lettres de recommandation portent qu'il est de première force sur le violoncelle. Cherubini veut l'entendre et lui donne à jouer un morceau très difficile. L'enfant le déchiffre à l'instant même, et le directeur bat des mains. « Parbleu ! s'écrit-il, le « règlement aura tort ! Je cours chez le ministre, mon « petit ami, et tu seras reçu, je t'en donne ma parole. »

Ainsi. grâce à son mérite précoce, voilà notre jeune Allemand au Conservatoire, par faveur spéciale ! » En même temps que dans la classe du violoncelliste Vaslin, il est admis à l'orchestre de l'Opéra-Comique où, de complicité avec son voisin de pupitre Seligmann. il se livre à nombre de grimaces et de facéties qui déjà sentaient l'opérette. Sur quoi pleuvaient les amendes, réduisant à néant sa mensualité de quatre-vingt-trois francs.

Même les eût-il touchés qu'il ne se fût point abandonné aux séductions de la richesse. Le démon de la composition le harcelait. Il quitte en 1838 le Conservatoire, et sans récompense. Puis cet autodidacte se livre aux joies de la création musicale. Il y est encouragé par l'excellent Halévy qui écrit au père Offenbach : « Je vois assez souvent messieurs vos fils... le jeune, plus particulièrement, me paraît destiné à de véritables succès dans la carrière de la composition, et je m'estimerai heureux de pouvoir y coopérer en l'encourageant et en le secondant dans ses études et dans ses travaux. »

De tels encouragements ne sauraient demeurer stériles : notre débutant écrit, écrit, écrit..., et les romances, les fantaisies, les morceaux de danse se succèdent rapidement. Bien accueilli par les salons mondains, il y organise des soirées très suivies. Il a quitté l'Opéra-Comique, et, en 1839, apparaît pour la première fois sur la scène du Palais-Royal, avec *Pascal et Chambord*, pièce d'Anicet Bourgeois, lequel avait

OFFENBACH ET SON VIOLONCELLE, PAR LAEMLEIN
Bibliothèque de l'Opéra.

besoin de quelques airs nouveaux. Accueil glacial du
public, retour de l'enfant prodigue au violoncelle un
moment délaissé, et longues tournées à travers l'Allemagne et la Grande-Bretagne. On couvre d'applaudissements le virtuose que la *Gazette musicale* qualifie
d' « excentrique », et qui en effet le devait être, puisqu'il reproduisait sur son instrument les sons du
biniou, du claquebois — et même du violoncelle![1] De
plus il était de première force sur le mirliton, pour
lequel il écrivit plus tard une polka et une marche[2].

En outre, causeur à l'esprit alerte et à la séduisante
faconde, il savait attirer et retenir l'attention de ses
interlocuteurs. Il rappelait maints personnages de cet
Hoffmann qui devait inspirer sa dernière œuvre et à
qui il ressemblait quelque peu. Quant à présent, il continue de se produire, tant à Paris qu'à l'étranger. Il
met en musique des fables de La Fontaine : *Le Corbeau
et le Renard, Le Rat de ville et le Rat des champs, La
Laitière et le Pot au lait* — transformé plus tard en
Boîte au lait, — d'autres encore ; il écrit des *Scènes
espagnoles* accompagnées — naturellement — par le
violoncelle à qui s'adressent aussi des souvenirs de
Moïse et de *Guillaume Tell*. C'est encore le magique

---

[1] Pourquoi pas ? En son *Cappricio stravagante*, deux siècles auparavant, Farina avait confié au violon la tâche de reproduire les voix de la guitare, du tambour, de la trompette, — voire même du chat et du chien ! Offenbach se montre beaucoup plus modeste en ses imitations.

[2] Il avait eu des prédécesseurs en Michel Corrette et B. Wilhem. Et souvenez-vous que ce modeste instrument eut la gloire de figurer dans des poésies de Musset et de Théophile Gautier.

instrument qui lui vaudra les faveurs de l'aristocratie anglaise et qui déterminera son mariage.

Une dame Mitchell, réfugiée en France avec son mari, général dans l'armée carliste, avait eu, de son premier mariage avec M. de Alcain, deux enfants : Herminie et Pepito. Invité à dîner chez cette famille, le jeune compositeur s'y rend et s'annonce par un violent coup de sonnette. L'assistance tressaille tout d'abord, et plus encore devant l'apparition Hoffmannesque : visage maigre qu'illuminent deux yeux incandescents encadrés d'un miroitant lorgnon. Serait-ce l'Anselmus du *Vase d'or*, le Cyprien de *Zacharias Werner* ou le Nathanaël de *L'Homme au sable ?* Les trois, peut-être, et d'autres aussi, incarnés dans le nouvel arrivant. Toute la compagnie en est frappée, mais particulièrement la jeune Herminie. La conversation et la musique parachevèrent ce qu'avait ébauché le premier coup d'œil. La demande en mariage formulée par Jacques est finalement agréée, sous réserve d'un voyage qu'il devra faire en Angleterre, afin de prouver à ses beaux-parents sa double aptitude à récolter lauriers et livres sterling. Cette excursion obtint d'heureux résultats, ainsi qu'en témoigne la lettre suivante, adressée à Émile Chevalet, son futur collaborateur pour *Le Violoneur :*

MON CHER CHEVALET,

« Je sais que vous avez entendu déjà parler de mes succès dans la belle ville de Londres. J'ai joué jeudi dernier à Windsor devant la Reine, le Prince Albert, l'Empereur de Russie, le Roi de Bavière, etc., etc. Enfin devant ce qu'il y a de mieux à la Cour. J'ai eu beaucoup de succès. Cela n'empêche pas que, malgré tous les hommages que je reçois ici, j'aime encore mieux mon joli Paris ; j'aime encore mieux me retrouver parmi mes véritables amis, j'aime encore mieux vos jolies petites soirées. Ici tout est grandiose et... froid. Là-bas, au contraire, tout est gracieux, coquet et... chaud, surtout si on a quelques véritables amis. Aussi, mon cher Émile, suis-je impatient de vous resserrer la main, suis-je impatient de retourner à ma bonne ville de Paris où se trouve tout, tout ce que j'ai de cher, tout ce que j'aime. Vous devez bien comprendre cela, n'est-ce pas, cher Émile ? S'il vous est possible de faire mousser mon apparition à la Cour, je suis persuadé d'avance que vous le ferez. Parlez-en à nos amis Gonzalès et des Essarts. La semaine prochaine j'ai deux fameux concerts, les plus beaux qui se donnent ici. La semaine dernière, j'ai été invité à dîner dans la *Société des Mélodistes* qui est présidée par le duc de Cambridge. Eh bien ! mon cher, après dîner, vous pensez bien qu'on a fait de la musique. J'ai joué ma musette [1], ils ont fait tellement de tapage, ils ont bien frappé pendant cinq minutes sur la table, criant à tue-tête : *Bis, bis, bis !*

« J'ai été forcé de rejouer le même morceau. Enfin, vous voyez par tout cela que je n'ai pas moins de succès

[1] Peut-être s'agit-il de son *Cor des Alpes*, écrit pour le violoncelle, auquel nous avions vu qu'il demandait l'imitation d'instruments divers.

ici qu'à Paris. Aussi je commence à être tant soit peu
fier. En retournant à **Paris**, je ne pourrai plus vous
voir, moi habitué maintenant à ne voir que des Lords,
des Ducs, des Reines, des Rois, des Princes, des Empereurs! Des Empereurs, cher ami!!! Je ne peux plus
me rabaisser à parler à un simple bourgeois, mais
comme je puis lui écrire, vous voyez, mon ami, que j'en
profite.

« Adieu, cher Chevalet, mes hommages respectueux
et distingués à votre aimable Madame Chevalet, ainsi
qu'à l'excellente Madame Vincent ; une poignée de
mains au colonel Vincent, et vous, mon ami, je vous
permets, je vous permets, entendez-vous, d'embrasser
mes mains.

« Tout à vous.

« JACQUES OFFENBACH. »

Londres, ce 8 juin 1844.

Cette lettre est très précieuse par les lueurs qu'elle
projette sur son rédacteur. Non qu'elle brille par le
style : mais elle est naïvement exubérante, pleine d'un
contentement d'ailleurs naturel et qui ne tourne pas
à la vanité. Notre Jacques se raille même un peu.
Il soigne ses intérêts, de quoi on ne saurait le blâmer ;
mais ses succès en pays froids ne lui font oublier ni
Paris la grand' ville, ni ses amis, ni sa charmante
fiancée à laquelle il fait une discrète mais claire et touchante allusion. Oui, tout cela décèle une sympathique
et loyale nature.

Au retour, le mariage est célébré à l'église, Offenbach s'étant converti au catholicisme. Les époux
comptent ensemble environ quarante années ! Reconnaissons avec joie que cette union fut heureuse et que
cinq enfants en naquirent. Mais les jours dorés furent
aussi des jours de labeur. C'est au cours de la lune de
miel qu'apparaît *l'Alcôve*, un acte représenté avec
succès au concert. Hélas ! Le théâtre de l'Opéra-
Comique, objet des ambitions du musicien, n'y prend
point garde. Et d'autre part. lorsque ensuite Offenbach espère franchir le seuil du Théâtre-Lyrique, la
Révolution éclate, bien mal à propos...

Un voyage en Allemagne ne donne guère de résultats,
et son opéra-comique en un acte, *Marietta*, est peu joué.
Mais l'irrésistible attrait du violoncelle persiste : un
quatuor, une fantaisie, une étude sur les Clochettes
lui sont dédiés. Et peu à peu nous parvenons au seuil
de l'an 1850.

II

Arsène Houssaye venait d'être nommé administrateur de la Comédie-Française; et naturellement il songeait aux importantes réformes qu'il convenait d'accomplir, et qui, non moins naturellement, ne seraient point accomplies. Un hasard le fit entrer dans un café où se trouvait Offenbach, dont il avait déjà pu apprécier le talent. Sur-le-champ il lui offre l'emploi de chef d'orchestre dans la maison de Molière, avec un budget de 18.000 francs : 6.000 pour lui, 12.000 pour ses musiciens.

Il lui rendit pleine justice, ainsi que le prouve cette attestation : « Offenbach fit merveille; combien d'opéras et d'opérettes de sa façon il joua dans les entr'actes! Il reprit tour à tour le violon de Lulli pour accompagner Molière, et le violon d'Hoffmann pour accompagner Musset. »

Malheureusement les sociétaires étaient là, n'aimant guère la musique en qui ils voyaient une rivale éventuelle pour la déclamation; aussi ne la tolérèrent-ils que là où sa présence était indispensable. Offenbach en composa donc pour *Le Bonhomme Jadis* de Murger, le *Romulus* de Dumas père, *Le Songe d'une nuit d'été* de Plouvier. Pour le *Murillo* de Langlé, qui comportait une Sérénade de Meyerbeer, il avait écrit un entr'acte que le public n'écouta pas, fidèle à son principe de n'ouïr la musique qu'une fois le rideau levé. Adolphe Adam tança vigoureusement l'auditoire dans son feuilleton de *l'Assemblée nationale*, en affirmant avec raison que, joué aux Concerts du Conservatoire, « ce petit chef-d'œuvre de couleur, d'originalité, de grâce et de finesse » eût été accueilli avec des trépignements de joie — et bissé. « Ceci, concluait-il avec une énergique franchise, prouve qu'il ne faut pas semer de perles musicales devant... le parterre du Théâtre-Français. »

En octobre 1853 Offenbach parvient à faire jouer au théâtre des Variétés un acte aimable : *Pepito*, assez favorablement accueilli. Il conserve néanmoins sa baguette subventionnée qu'il n'abandonnera qu'en 1855, après cinq ans d'exercice. En souvenir de lui, la maison d'Arsène Houssaye peut conserver le joli *Décaméron, album du Théâtre-Français*, composé d'« œuvres dansantes de Jacques Offenbach, portraits de Raunheim » qu'accompagnent des quatrains dédiés aux étoiles : Rachel, Émilie Dubois, Madeleine Brohan, Delphine Fix, Augustine Brohan, Louise Allan, Marie Favart, Élisa Denain, Nathalie, Clarisse Bonval, — par l'administrateur-poète Arsène Houssaye, Alexandre Dumas, Théophile Gautier, Amédée Achard, Alfred de Musset, Camille Doucet, Méry, Jules de Prémaray, Léon Gozlan,

GRAVURE DE VICTOR COINDRE, POUR LA PARTITION DU *Violoneux*
Avec illustrations pour *Le ... ... aud d'Elie, La Nuit Blanche et Les deux Aveugles.*

Emile Augier. Les danses sont claires et nettement
rythmées, parfois sentimentales, et offrant çà et là
comme un vague reflet de Weber ou de Chopin. Le
meilleur des quatrains nous paraît être le premier, où
se trouve ce vers marmoréen, digne de la grande tragé-
dienne :

Ta grande âme domine un peuple de statues.

Cependant le musicien, constatant qu'il ne pouvait
parvenir à se faire jouer, songea à fonder pour son
propre usage un théâtre de musique : « Je me dis que
l'opéra-comique n'était plus à l'Opéra-Comique, que la
musique vraiment bouffe, fine, spirituelle, la musique
qui vit, enfin, s'oubliait peu à peu. Les compositeurs
travaillant pour ce théâtre faisaient de petits grands-
opéras. » — Ceci à l'adresse probablement du *Nabab*
d'Halévy, de *L'Etoile du Nord* de Meyerbeer, de la *Jenny
Bell* d'Auber. Par contre il oubliait *Les Noces de Jean-
nette* de Massé, *Le Bijou perdu* d'Adam, *Les Sabots de
la Marquise* de Boulanger, et d'autres encore... Nous
reviendrons tout à l'heure sur ce point intéressant.

Quoiqu'il en fût, en vertu du sage aphorisme : « Quand
on ne peut payer son terme, il faut avoir une maison
à soi », notre héros put louer aux Champs-Elysées un
petit pavillon qu'avait édifié un prestidigitateur. La
scène qu'il y aménagea fut inaugurée, le 1er juillet 1855,
par un spectacle ainsi composé : « *Entrez, Messieurs,
Mesdames!...* prologue en vers de Méry et Ludovic Halévy : *Les deux Aveugles*, bouffonnerie de Jules Moinaux ;

Une Nuit blanche, saynète d'Edouard Plouvier, et *Arlequin barbier*, pantomime dont le nouveau directeur avait, sous le pseudonyme de Lange, écrit la musique.

Il n'est pas inutile de signaler que peu de jours auparavant avait paru, aux Folies-Nouvelles, *Oyayaye ou la Reine des îles*, anthropophagie musicale de *Jules Moinaux, musique d'Offenbach*. Cette outrancière bouffonnerie, remarquable échantillon du genre, mit pour la première fois en contact l'auteur de la partition avec son rival Florimond Ronger, dit Hervé, alors directeur dudit théâtre. Ce n'était pas sans peine qu'il avait conquis ce privilège : chef d'orchestre au Palais-Royal, maître de chapelle à Saint-Eustache, et cumulant donc la musique religieuse et la musique bouffe, prototype du personnage de Célestin-Floridor dans sa future *Mam'zelle Nitouche*, il avait eu en outre l'honneur de donner quelques leçons de musique à l'impératrice Eugénie. Cette auguste protectrice lui valut le privilège du théâtre qui, primitivement dénommé « Folies-Mayer », puis « Folies-Concertantes », était enfin devenu « Folies-Nouvelles ».

Mais revenons à l'inauguration du théâtre d'Offenbach. Elle s'affirma triomphale : Darcier, Pradeau, Berthelier, Mme Macé y apportaient le prestige de leur talent. Tout marcha à souhait : *Les deux Aveugles*, pour lesquels on avait redouté une chute, furent acclamés par l'auditoire et reparurent pendant quatre cents soirées, succès que n'avaient point connu leurs prédécesseurs : *Les deux Aveugles de Bagdad, Les deux Aveugles de*

Tolède et *Les deux Aveugles de Franconville*[1]. Ce n'est pas tout : ils eurent l'honneur d'être appelés à divertir la duchesse d'Albe et la comtesse de Montijo, et l'Empereur à son tour les fit comparaître aux Tuileries devant les membres du Congrès de la Paix.

Le spectacle du nouveau théâtre variait d'ailleurs assez fréquemment. Notons l'entrée du *Violoneux* (paroles de Mestépès et du « bon ami » Chevalet), « légende bretonne dédiée à M. Camille Doucet », futur secrétaire perpétuel de l'Académie française. Puis ouvrons la partition qui peut être regardée comme un spécimen typique de l'opérette en un acte dont Offenbach sèmera de nombreux exemplaires. Dès l'ouverture, on se sent en proie à ce que le méridional Méry appelait « la « fièvre des pieds », tant ces rythmes fortement scandés suscitent la danse. Aucune recherche : la mélodie surgit au petit bonheur avec une pleine franchise, qu'elle soit prononcée par les instruments ou par les voix. Mais voici venir à son heure la note émue : le violoneux pleure son violon brisé, tandis que l'accompagnement, en d'approximatives *imitations*, commente la plainte touchante. Béranger sans doute eût goûté une telle musique pour son propre « Violon brisé » qui était « l'orchestre du village ». En cette simple romance — et combien d'autres la suivront ! — « il y a de la naïveté…

---

[1] Cette amusante facétie n'est point tombée dans l'oubli. En mai 1919, une matinée de gala donnée par la Comédie-Française au profit de l'Orphelinat des Arts, comprenait, à côté des *Perses* d'Eschyle et de *La Nuit de Mai* de Musset, les immortels *Aveugles*, personnifiés par MM. de Max et Denis d'Inès, et le quadrille de *La Vie Parisienne*.

du sentiment même » pourrait redire la Comtesse du *Mariage de Figaro*, qui vient d'écouter « la romance à Madame ». Et il y en a aussi dans les deux brefs mélodrames soulignant de mélancoliques impressions. Le tout fut chaleureusement accueilli, le 30 avril 1855. Il convient de signaler que le gentil rôle de Reinette sert aux débuts de la bientôt célèbre Hortense Schneider. — Nommons, mais sans nous y arrêter, une *Nuit blanche* que mieux eût valu réserver au sommeil, et un *Rêve d'une nuit d'été* que n'inspira point la féerie de Shakspeare.

Les *Bouffes-Parisiens* — car ainsi se nommait le nouveau théâtre — cherchaient cependant leurs quartiers d'hiver. Ils les trouvèrent à la salle Choiseul qui les abrita dès la fin de décembre. *Ba-ta-clan*, « chinoiserie musicale » en un acte, paroles de Ludovic Halévy, en fut la pièce inaugurale et obtint le plus éclatant succès. Ce que le livret contenait de plus spirituel se trouvait probablement dans les noms des personnages : *Fé-Ni-Han*, *Ké-Ki-Ko-Ko*, etc. Le *Moniteur* affirma solennellement que c'était « le chef-d'œuvre du genre bouffe ». Ce chef-d'œuvre eut la gloire de donner son nom à un café-concert qui peut-être existe encore, et que Louis Veuillot dépeint ainsi dans ses *Odeurs de Paris* : « *Ba-ta-clan* est un café chinois, mais digne de la civilisation moderne. La façade est toute peinte et dorée, et ornée de grotesques. » — Au fait, ne serait-ce point Offenbach qu'il vise, en écrivant un peu plus loin : « Le musicien est très savant, et les maîtres reconnaissent une inspiration supérieure dans ses œuvres en apparence frivoles, devenues si populaires : *La Puce qui pense, Le Navet partagé, La lyre à Pingouin,* etc. Et vous verrez qu'il fera un opéra en cinq actes. » — Offenbach ne devait pas dépasser le quatrième...

Succédez-vous : *Elodie ou le Forfait nocturne, Le Postillon en cage, Tromb-al-Cazar* avec son prestigieux boléro, bouffonnerie que le prince Jérôme plaçait au même rang que ces *Deux Aveugles* tant admirés par lui. Et ne croyez point que le directeur-auteur fût égoïste : il fait jouer les délicieux *Pantins de Violette,* — le dernier ouvrage d'Adolphe Adam, qui meurt le lendemain de la première représentation.

La saison d'été reprend aux Champs-Élysées avec *La Rose de Saint-Flour,* un acte dont le trait le plus remarquable — rendons cet hommage au librettiste Michel Carré, — consistait en ceci, que le cordonnier Marcachu jetait dans le potage de Finette un des souliers de son rival Chapaillou, assaisonné d'un paquet de chandelles en guise de lard...

Viennent *Les Dragées du baptême...* du Prince impérial ; *Le 66,* qui nous ramène l'Offenbach sentimental. Dans l'introduction passe une nostalgique cantilène que vont reprendre les voix ; une romance la suit qui l'assombrit encore. Puis c'est une tyrolienne avec son *iodler* natal, et qui, bien que n'égalant point celle de *Guillaume Tell,* n'est pas dépourvue de charme. Elle reparaît au final, non sans avoir été précédée de quelques gais ensembles.

Et la salle hivernale rouvrit ses portes avec *Le Save-*

tier et le Financier — sujet déjà traité au siècle précédent par Rigal ; puis vinrent *La Bonne d'enfants*, *Les Trois baisers du Diable*, ouvrage sans prétentions et dont chacun des auteurs eût pu dire, à l'exemple d'Oronte :

..... Au reste, vous saurez
Que je n'ai demeuré qu'un quart d'heure à le faire.

En 1857 s'avança *Croquefer ou le dernier des Paladins*, — le dernier, effectivement, à tous égards ! Les librettistes, Jaime et Tréfeu, avaient cru opportun de mettre en scène la chanson du *Sire de Framboisy*, ornée de noms évidemment comiques : *Ramasse-ta-tête*, *Mousse-à-mort* et *Fleur de soufre*. Mais la musique dépassait le texte, l'instrumentation marquait un progrès, et un certain quintette bachique décelait une main soigneuse et habile. Indépendamment de son intérêt théâtral, cette bouffonnerie en présentait un autre : les coupables auteurs avaient créé cinq personnages, alors que le genre autorisé par le ministre n'en admettait que quatre. La *première*, annoncée pour le surlendemain du jour où l'on s'aperçut du délit, ne pouvait donc avoir lieu... Les auteurs imaginèrent de supprimer *Mousse-à-mort*, et de faire aboyer son rôle. De là un fou rire qui doubla le succès de ladite *première*, honorée par surcroît de la présence du ministre, lequel daigna prendre part à l'hilarité générale.

Vent du soir ou l'horrible festin indique le début de Philippe Gille comme collaborateur d'Offenbach. Celui-ci attachait un certain prix à ce petit acte, car dans une lettre adressée à un certain Chadeuil, il lui demande de rendre compte de « la folie intitulée *Vent du soir* » et lui fournit, pour cela, quelques détails.

L'été de 1857 est agrémenté d'un nouveau voyage en Angleterre ; Offenbach et l'élite de sa troupe y viennent jouer, devant la reine Marie-Amélie et ses enfants, outre les *Deux* inéluctables *Aveugles*, *Croquefer* et *Dragonnette*, opérette militaire en un acte, dans laquelle un chant : « Crions Vive la France ! » arracha des pleurs aux royaux exilés. Jacques écrivit à sa femme qu'il y avait appris « la proche parenté du rire et des larmes » que déjà nous avait enseignée le Figaro de Beaumarchais.

Dès le retour en France apparut *Le Mariage aux lanternes*, qui pourrait bien être un petit chef-d'œuvre. Tout, en cette charmante partition, est tendre, gracieux ou spirituel. Le poème de Michel Carré et Léon Battu est d'ailleurs amusant et bien troussé, et le musicien en tira le plus heureux parti ; il y faut spécialement louer un piquant trio et l'*Angelus* délicieux par où commence et finit cette attrayante pastorale.

Revenons à présent quelque peu en arrière. Dans la *Revue et Gazette musicale de Paris*, Offenbach avait tracé une esquisse des évolutions de l'opéra-comique, selon lui détourné de sa véritable voie (on a vu plus haut que déjà ces pensées l'avaient fortement préoccupé). Comment ramener les saines traditions ? « Le théâtre des Bouffes-Parisiens veut essayer de ressusciter le genre primitif et vrai... C'est dans les esquisses musicales renouvelées de l'ancien opéra-

PORTRAIT-CHARGE D'OFFENBACH, PAR TH. THOMAS
(Bibliothèque de l'Opéra).

comique, dans la *farce* qui a produit le théâtre de
Cimarosa et des premiers maîtres italiens qu'il a ren-
contré son succès : non seulement il entend y per-
sévérer, mais il veut creuser ce *filon* inépuisable de
vieille gaîté française. Il n'a d'autre ambition que de
faire *court*, et si l'on veut y réfléchir un instant, ce
n'est pas là une ambition médiocre. Dans un opéra qui
dure à peine trois quarts d'heure, qui ne peut mettre en
scène que quatre personnages, et qui n'utilise qu'un
orchestre de trente musiciens au plus, il faut avoir des
idées et de la mélodie *argent comptant*. Notez encore
qu'avec cet orchestre exigu — dont se sont contentés
pourtant Mozart et Cimarosa — il est fort difficile de
cacher les fautes et l'inexpérience que dissimule un
orchestre de quatre-vingts musiciens... »

De la théorie l'orateur passait incontinent à la pra-
tique. Un concours était par son initiative ouvert aux
musiciens partageant ses idées à la fois traditionnelles
et rénovatrices. Un jury était constitué, comprenant
Auber, Halévy, Ambroise Thomas, Mélesville, Scribe,
Saint-Georges, Leborne, Gounod, Victor Massé, Bazin
et Gevaert, — huit compositeurs et trois librettistes, ce
qui forme un sain équilibre. Seuls étaient admis à con-
courir des compositeurs français n'ayant pas eu la
gloire de figurer sur les affiches de l'Opéra ou de
l'Opéra-Comique. Soixante-dix-huit concurrents se pré-
sentèrent, et le prix fut décerné *ex-æquo* à deux jeunes
musiciens : Georges Bizet, âgé de dix-huit ans, et
Charles Lecocq qui en comptait vingt-cinq ; tous deux

avec un livret intitulé *Le Docteur Miracle* (très différent de son homonyme des futurs *Contes d'Hoffmann*), et dont une omelette indigeste formait le principal ressort[1]. Les deux ouvrages furent représentés en 1857.

Saluons au passage *Les Petits Prodiges*, contenant une *Valse des animaux*, préludant au *Carnaval* que leur dédia Saint-Saëns, puis *Mesdames de la Halle*, de qui le succès accentué était dû à une musique enlevante, que ponctuaient les cris et les interjections lancés par les émules de cette Mme Angot, dont nous savons pertinemment qu'elle n'était pas bégueule. — N'oublions pas non plus un élément dont l'influence a été déjà constatée : un choix de noms attractifs, tels que *Raflafla, Amadou, Poiretapée, Beurrefondu, Ciboulette* et *Croûte-au-pot*. Quel misanthrope y pourrait demeurer insensible! Une *fricassée* entraînante, et digne de celle que dansèrent Dauberval et la Guimard, apportait à cette fantaisie maraîchère une adéquate conclusion. — Passons charitablement sur *La Chatte* regrettablement *métamorphosée en femme*, et apportons toute notre attention au grand événement que fut l'apparition, le 21 octobre 1858, d'*Orphée aux enfers*.

---

[1] Rendons à ce plat familial un hommage mérité en rappelant que, sous la Terreur, *L'Omelette miraculeuse* avait été jouée — et sifflée — au Théâtre de la Cité : en outre, que deux ans après celle du *Docteur Miracle*, une nouvelle *Omelette* — *à la Folembuche*, celle-là, de Labiche et Léo Delibes, fut représentée au Théâtre des Champs-Élysées. « Voilà bien du bruit », dirait Voltaire, « pour une omelette au lard ! »

III

ORPHÉE AUX ENFERS

Exception faite pour *Le petit Orphée*, opéra-comique de Rouhier-Deschamps et Léger, musique de Deshayes, ballet de Beaupré, représenté en 1793 au Théâtre de la Cité, les opéras célèbres consacrés à Orphée manquaient en général de gaîté. Cette pièce dont une première version, plus simple, date de 1785, est une sorte d'assez naïve parodie du chef-d'œuvre de Gluck. Orphée n'y jouait pas encore du violon et s'en tenait modestement au flageolet. A Jacques Offenbach devait appartenir la gloire de combler cette regrettable lacune.

Depuis deux ans il méditait l'audacieuse entreprise. Le baron Hector Crémieux, qui s'était préparé à l'y aider en narrant les tragiques aventures du toutou Azor, noyé par sa marâtre Élodie Gigonnard[1], eut pour collaborateur Ludovic Halévy, à qui ses labeurs de fonctionnaire de l'État laissaient d'élastiques loisirs; et c'est par leur entremise qu'Orphée, une fois encore, redescendit aux enfers!

[1] Crémieux passait pour être triste et rêveur, ce qu'en général, Azor mis à part, n'eussent point laissé supposer ses nombreux ouvrages.

Que demandaient librettistes et musicien ? Les rires de l'auditoire. Ils les obtinrent pleinement et ouvrirent dès lors le chemin à une esthétique nouvelle. « Ce fut le point de départ d'une longue génération de compositeurs. Presque tous à l'envi ont gravité et gravitent encore autour de cet astre lumineux qui, à nos yeux, n'est qu'un lampion fumeux répandant une lueur blafarde et exhalant une odeur malsaine ». Ainsi s'exprimait le sévère Félix Clément.

En somme, le livret d'*Orphée* était amusant et alertement découpé. Il suffira de rappeler que le héros, transformé en professeur de violon, court le cachet et déteste son épouse Eurydice que courtisent, dûment déguisés, Pluton et Jupiter — lequel ne dédaigne pas de se métamorphoser en mouche pour pénétrer dans la chambre de l'aimée. Celle-ci est aussi poursuivie par un autre amoureux transi, John Styx, ex-roi de Béotie, et *domestyr* du souverain des enfers. Tous ces dérisoires personnages chantent et gesticulent de leur mieux, et ce mieux atteint souvent au sublime du genre, — réalisant ainsi cette description de La Bruyère : « Mobiles comme le mercure, ils pirouettent, ils gesticulent, ils crient, ils s'agitent. »

Après une engageante ouverture viennent une *Chanson pastorale*, une *strette* entraînante, précédés d'un duo permettant au ménétrier mythologique d'exhiber son talent de violoniste. Nous savourons ensuite le *Chœur du sommeil*, le *Divertissement des heures*, la *Marche des dieux*, l'*Hymne à Bacchus*, —

l'*Erohé* demeuré célèbre. — pages où parfois se reflète un coin du ciel attique[1].

Le succès d'*Orphée*, d'abord incertain, à cause des anathèmes lancés par quelques critiques ardents à défendre l'antiquité outragée, s'affirma bien vite[2]. L'agaçant et prétentieux Jules Janin fut vertement pris à partie et secoué par Crémieux au sujet de « son accès de lyrisme hebdomadaire »; et aussi par Offenbach, fier d'être « éreinté comme l'avaient été Rachel, Dumas et Scribe ». Vingt-huit années plus tard, Ludovic Halévy, prenant séance à l'Académie française, reconnaissait, devant ses confrères, avoir été toujours un homme heureux. « En effet », ajoute un autre académicien, Henry Roujon, « dès ses premiers pas, la chance l'avait pris par la main. Elle lui fit faire la rencontre du musicien créé spécialement pour la compléter. L'idée de taquiner les dieux de l'Olympe ne trahissait pas un dessein profond. D'une farce improvisée par deux apprentis vaudevillistes, le lyrisme endiablé d'Offenbach sut faire une extraordinaire nouveauté. Et les auteurs d'*Orphée aux enfers* se trouvèrent avoir inventé un genre, sans l'avoir prémédité.

« La date d'*Orphée* est à retenir. Pour n'avoir rien eu de solennel, elle n'en est pas moins capitale dans l'histoire de notre théâtre. La bouffonnerie lyrique

---

[1] Offenbach, dit M. Camille Bellaigue, « a le sentiment très pur de l'antiquité... John Styx y ressemble à l'Achille d'Homère ».

[2] Primitivement écrit en deux actes et quatre tableaux, il fut ensuite remanié, étendu en quatre actes et douze tableaux, et représenté à la Gaîté en 1874. Nous en reparlerons plus loin.

devint, ce jour-là, un besoin de l'esprit français... Les Parisiens de 1858 demandaient à être grisés de fantaisie. Ils faisaient ingénument le songe d'un éternel bonheur ». Suit une fine analyse de « l'état d'âme » de la société du second Empire, s'achevant ainsi : « Le tout petit Paris des Tuileries et des Variétés a été habité par une race de pécheurs que l'histoire n'aura pas le courage de damner. Ils ont eu tant de raisons d'être coupables et tant d'excuses : ils se croyaient en sûreté. Comment leur en vouloir d'avoir fait joyeusement la veillée du malheur? S'amuser avant une catastrophe, c'est assurément manquer de prévoyance. Peut-être est-il moins innocent de s'amuser après.

« Jamais peut-être on ne reverra pareil exemple d'intimité entre des auteurs et une foule... Le glorieux trio inséparable — Meilhac, Halévy, Offenbach — gagna, à se sentir à la fois applaudi et surveillé, le don de la mesure exquise dans l'universelle dérision. Il osa beaucoup, sans jamais aller jusqu'au point où l'audace mérite de changer de nom... La sacro-sainte antiquité fut la première victime sacrifiée à cette fureur d'irrespect .. »[1] Mais c'est ici une autre face du problème, dont nous remettons l'étude à plus tard, lorsque apparaîtra la rivale d'*Orphée* : *La belle Hélène*. Pour l'ins-

---

[1] Henry Roujon. *Artistes et Amis des Arts*. Rappelons aussi que Jules Lemaître voyait dans les opérettes d'Offenbach « les exemplaires les plus éclatants du seul genre dramatique relativement nouveau qu'ait produit la seconde moitié du xix⁰ siècle ». Alphonse Daudet, d'après Edmond de Goncourt, assurait que tout le temps où régna Offenbach « descendait de lui, de sa blague et de sa musique ».

tant bornons-nous à constater qu'à côté des attaques
ci-dessus mentionnées parurent de chaleureux éloges.
Dans le *Figaro*, Jules Noriac publia un compte rendu
de forme insolite dont il suffira de reproduire un fragment :

> Cent
> Représentations au moins !
> Gloire
> et
> argent
> pour
> Offen-
> bach
> Et
> pour
> Crémieux.
> Tant
> mieux !

Francisque Sarcey, dans un accès de bouillant et
imprévu lyrisme, exalta le célèbre quadrille — qui suc-
cède de si ahurissante façon à un menuet digne de la
Pompadour : « Ce fameux quadrille d'*Orphée*, s'écriait-
il, a emporté dans son tourbillon frénétique toute notre
génération[1]. Est-ce qu'aux premiers sons de cet
orchestre enragé il ne vous semble pas voir toute une
société se soulevant d'un bond et se ruant à la danse ?
Elle réveillerait des morts, cette musique. Comme ces
rythmes, tantôt sautillants, tantôt furieux, avaient l'air
d'être faits pour communiquer une trépidation morale

[1] On sait que Saint-Saëns en a introduit un thème dans son *Carnaval
des animaux*, mais défiguré par une allure pesante et fortement ralen-
tie qui symbolise la marche des tortues.

COUVERTURE DESSINÉE PAR EDOUARD MAY POUR *Les Trois Grâces*.
Avec médailles aux effigies de chanteurs et danseurs célèbres.
En haut : MM^{mes} Damoreau, Grisi et Falcon. Au dessous : MM^{es} Taglioni et Fanny Essler.

aussi bien que physique à tout ce public de désaccordés pour qui la vie n'était qu'une espèce de danse macabre. Au premier coup d'archet qui mettait en branle les dieux de l'Olympe et de l'Enfer, il semblait que la foule fût secouée d'un grand choc, et que le siècle tout entier, gouvernement, institutions, mœurs et lois, tournât dans une prodigieuse et universelle sarabande. » Il est évident que pour notre critique, une sarabande équivaut à une farandole !

Mais, dix ans après le premier *Orphée*, six ans avant le second — voir plus loin — Théodore de Banville écrivait, en l'une de ses *Occidentales*, cette strophe, détachée d'une poésie adressée à « Monsieur Haussmann » :

> Vois ces tréteaux pleins du miaulement des chats,
>   D'où la Musique, douce fée,
> S'envole en pleurs, tandis qu'on lance des crachats
>   Sur la blanche robe d'Orphée[1].

Bah ! qu'importait tout cela aux auteurs ! Napoléon III, qui d'ailleurs n'aimait pas la musique sérieuse, — rappelez-vous le triste passage des *Mémoires* de Berlioz où il narre sa déception à l'égard des *Troyens* que Sa Majesté n'eut jamais le loisir de parcourir et se contenta de renvoyer aux bureaux des Beaux-arts[2], — Napoléon,

---

[1] Le poète savait-il que, deux siècles plus tôt, le satirique espagnol Quevedo avait assez malicieusement précédé nos auteurs, en chiffonnant « la blanche robe d'Orphée », et celle surtout de la pauvre Eurydice ?

[2] « Hier », écrivait-il le 2 janvier 1861 à son fils Louis, « je suis allé aux Tuileries pour me montrer à l'Empereur, qui se soucie aussi peu de moi que de mes ouvrages. »

donc, fit donner la **228ᵉ** et dernière représentation de la première série d'*Orphée* aux Italiens, le 5 juin 1859, et y assista avec la plus vive satisfaction. Il envoya au compositeur un bronze accompagné d'une lettre lui mandant qu'il n'oublierait jamais « la soirée éblouissante » due à la mythologique parodie[1].

L'antiquité ne devait pas être seule à subir ce que Gresset appelait — un peu trop rudement — « l'ignoble parodie ». La légende chrétienne y allait passer à son tour, avec *Geneviève de Brabant*, et l'ombre de Schumann en put tressaillir d'indignation pour sa chaste *Genovefa*, que le librettiste Reinick avait, certes, médiocrement traitée, mais sans la rendre comique. Avouons qu'Offenbach enchâssa dans sa partition de très heureuses trouvailles, parmi lesquelles une *Fileuse* dextrement filée. Or l'on sait que tout compositeur doit à la postérité une *Fileuse* ; n'est-il pas vrai, ô Schubert, Mendelssohn, Wagner, Gounod, Raff, Saint-Saëns, Claude Terrasse, et que d'autres encore ! Toutefois la Censure intervint, en soutenant que la Gendarmerie nationale ne pouvait admettre la présence d'hommes d'armes coiffés de bicornes et jouant des rôles grotesques. Les brigadiers notamment s'en jugeaient froissés et réclamaient une sanction. « Brigadiers, vous avez raison ! » leur répondit le ministériel Pandore. Sur quoi

---

[1] Napoléon III demeura fidèle à son admiration pour Offenbach, et, pendant son exil en Angleterre, après sa chute, il aimait, ainsi que l'impératrice, se faire jouer des fragments d'opérettes de son musicien favori.

leur grade fut mué en celui de sergent, et le globe terrestre put dès lors continuer sa marche rotatoire. Signalons que *Geneviève*, ainsi complètement remaniée, fut reprise aux *Menus-Plaisirs* huit ans après la première version, c'est-à-dire en 1867.

Mil huit cent cinquante-neuf vit éclore la saynète intercalée en un *Carnaval des revues*, et qui, sous ce titre transparent : *Le musicien de l'avenir*, daubait énergiquement Wagner, lequel apparaissait dirigeant une symphonie baroque en présence de Gluck, Mozart, Grétry et Weber qui se bouchaient les oreilles. Wagner qui — nous le verrons — avait émis à l'égard de son contempteur un jugement très (peut-être trop) élogieux, en tira vengeance dans sa plate et regrettable *Capitulation*[1], en y plaçant un quatrain, dont la valeur poétique n'est d'ailleurs pas inférieure à celle des couplets de nos opérettes, et d'où il suffira sans doute de détacher les deux dernier vers :

> Crak ! Crak ! Crakeracrack !
> Oh ! superbe Jack Offenbach![2]

Quittons le sommet du Parnasse pour redescendre dans la plaine verdoyante où voisinent *Daphnis* et *Chloé*, déjà réunis un siècle auparavant par Boismortier. Cette fois

---

[1] Laquelle « se termine par un chahut à la Offenbach » (Jean Marnold : *Le cas Wagner*).

[2] « Ce vaudeville bon enfant, mais sans gaîté », selon M. Vincent d'Indy, était, dans la pensée de l'auteur, « une parodie des parodies d'Offenbach ». Wagner avait prié Richter d'en composer la musique, probablement parce qu'il ne se sentait pas suffisamment inspiré par le lyrisme tout spécial de son libretto.

nous sommes encore en présence d'une parodie ; mais il est vraisemblable que Longus lui-même, sinon ses traducteurs, l'eût par endroits goûtée, car on sait son faible pour le cliquetis des syllabes sonores. Louons, en cette légère partition, la romance qu'y chante la jeune fille, et l'aimable trio de « la leçon de flûte[1] ». Et n'oublions pas le bon Clairville, qui avait transformé en opérette la piécette jouée en 1849 au Vaudeville et renaissant onze ans plus tard aux Bouffes, parée de la musique d'Offenbach.

Nous allons à présent gravir les échelons de l'échelle sacrée (par où nous entendons signifier les escaliers des théâtres officiels) : d'abord en suivant le maëstro à l'Opéra qui donne un sien ballet : *Le Papillon*, scenario du marquis de Saint-Georges et de la célèbre Taglioni. La séduisante Emma Livry, qui devait bientôt si tragiquement mourir[2], en incarnait le principal rôle. Succès complet qu'affirmèrent quarante-deux représentations consécutives. « La musique d'Offenbach », proclama Paul de Saint-Victor, « est toute de mélodie et de rythme, ces deux éperons de la danse ». Mais les défenseurs de l'art pur ne cachaient pas leur mécontentement, et le probe et savant critique Arthur Pougin déclara que cette représentation constituait « un vrai scandale artistique. » Convenons que ce ballet en trois

---

[1] Saint-Saëns remarqua que le musicien y a « risqué une onzième de dominante, sans préparation ni résolution, ce qui était alors d'une audace extraordinaire ».

[2] Elle fut brûlée vive en un terrible accident survenu au cours d'une répétition à l'Opéra.

actes ne manquait pas de mérite chorégraphique, et que
les abonnés lui durent de bien mouvantes sensations...

De l'Opéra passons à l'Opéra-Comique. Y aborder
était le rêve le plus cher d'Offenbach. Hélas! le texte
que lui avaient confectionné Scribe et Boisseaux poéti-
sait un chien nommé *Barkouf* qui donnait son nom à
la pièce[1]...

Le livret de *Barkouf,* emprunté à un conte de l'abbé
Blanchet, dont les *Apologues* et les *Variétés morales
et amusantes* obtinrent, au xviii° siècle, une certaine
vogue, parut ahurissant. Un bouledogue nommé, par
le Grand-Mogol, gouverneur de Lahore! Mais à quoi
bon poursuivre une telle analyse? Sept représentations
— la première ayant eu lieu en décembre 1861, — suf-
firent au public. La presse fut sévère ; et Berlioz, dans
la même lettre dont un passage a été ci-dessus trans-
crit, écrivait : « On vient de donner à l'Opéra-Comique
un ouvrage en trois actes d'Offenbach (encore un Allemand)[2] que protège M. de Morny. Lis mon feuilleton
qui paraîtra demain sur cette horreur. »

Offenbach, en le lisant, dut passer un bien triste
quart d'heure. La pièce est désarticulée, désossée,
dépecée avec un luxe de raffinements véritablement
insurpassable : « Il s'agit d'une farce qu'on vient de
faire aux Parisiens, et dont l'action se passe à Lahore. »

---

[1] On sait que *Bark* en anglais signifie *aboyer.* Faut-il chercher dans
les souvenirs de voyages d'Offenbach l'origine de cette appellation
anglo-turque ?

[2] L'autre étant Wagner dont on étudie au même instant le *Tann-
häuser* à l'Opéra — « sans pouvoir en sortir », affirme son rival écœuré.

Nous ne pouvons tout citer, bornons-nous à quelque
aperçus : « Son Excellence Barkouf ouvre la gueule,
fait : Ouah! ouah! krrr! » (Parfois, pour varier, elle
prononce : Ouao! ouao!) Enfin, lorsque le dernier acte
est narré, nous apprenons que « tout le monde,
enchanté, aboie le chœur final ».

Tant et si bien que le public est indigné, choqué,
exaspéré d'un tel poème. Mais les librettistes ne sont
pas les seuls coupables, et « la musique était pour
beaucoup dans les causes de cette exaspération ». Car,
si peu difficile que soit le public, il importe en tout cas
« de l'amuser et de lui faire éprouver, dans n'importe
quelle partie du corps, ces secrètes titillations qui,
pour beaucoup de gens, sont le charme de la musique. »
Mais voilà! Il y a dans cette partition des discordances
agaçant les dents et le système nerveux. Et « les auditeurs qui savaient la musique s'écriaient : « Ah çà! le
« compositeur perd-il la tête? Qu'est-ce que ces harmo-
« nies qui ne vont pas avec le chant? » (Suivent des
remarques techniques sur une « enragée pédale » et
autres infractions aux lois d'une saine harmonie; bref,
une partie des reproches que faisaient à Berlioz ses
propres adversaires; ô comédie humaine!) Enfin l'in-
fortuné critique se compare à un homme que l'on fait
asseoir sur un siège armé de dards, dans le lit duquel
on sème du crin coupé, tandis qu'un jet d'encre le vient
inonder, lancé par des plaisants à travers un trou de ser-
rure. « Décidément, » ajoute-t-il, « il y a quelque chose
de détraqué dans la cervelle de certains musiciens. Le

vent qui souffle à travers l'Allemagne les a rendus fous...[1] » Toutefois Berlioz convient que certains couplets « paraîtraient amusants et d'un ton mélodique, s'ils n'étaient pas aussi étrangement accompagnés ». Mais quoi! l'orchestre semble toujours sonner à faux, et les violonistes ont l'air de jouer « sur des Charivarius... »

Barkouf fut, au surplus, l'occasion d'un miracle : Scudo. « l'ennemi enragé » du grand romantique, son « insulteur de la *Revue des deux Mondes* », se rencontra avec lui en une commune exécration du dogue de l'Opéra-Comique : « Est-il possible », s'écria-t-il, « d'imaginer une œuvre plus misérable, plus honteuse pour tous ceux qui y ont coopéré et plus indigne d'être représentée devant un public qui a le droit d'être respecté, que *Barkouf*, *chiennerie* en trois actes, de l'invention de M. Scribe ? Je dis avec intention une *chiennerie*, car c'est un chien qui est le héros de la pièce, et la musique de M. Offenbach est digne du sujet qui l'a inspirée. » Et il semonçait vertement « l'administration du théâtre subventionné », — comme si cette bonne dame prenait le moindre souci de la valeur artistique de ses produits !

[1] Cette phrase, consciemment imitée de la *Guitare* d'Hugo :
Le vent qui vient à travers la montagne
Me rendra fou !
vise de nouveau Wagner. Et il est piquant de constater que ces deux rivaux étaient considérés comme appartenant à la même famille artistique : « Le novateur », écrivait Monselet en un article sur Berlioz, « était l'ennemi des novateurs. Cet audacieux barrait le chemin aux audacieux. Le nom de Richard Wagner le faisait écumer. Et cependant, que d'analogies entre ces deux talents ! » Et que de divergences surtout !

MEILHAC ET HALÉVY

Quant à Félix Clément, s’il blâme les auteurs, il n’est pas plus tendre envers « le public blasé, ignorant et grossier »[1]. Enfin, *La Presse*, par la plume de Paul de Saint-Victor, moins amène que de coutume, énonce : « Ce n’est pas le chant du cygne, c’est le chant de l’oie ! » Et cependant *Barkouf* ne devait point périr ; mais, soumis aux lois de la métempsychose, il changea ses aboiements en grognements lorsque, en 1871, quittant le chenil de l’Opéra-Comique pour la fosse des Bouffes, il devint ours blanc sous le nom évocateur de *Boule-de-neige*.

Accordons une admirative attention à *La Chanson de Fortunio*, dont la naissance remonte aux jours déjà lointains où Offenbach mit en musique, pour la Comédie-Française, la plainte mélancolique du *Chandelier* de Musset, que Delaunay, faute d’une voix suffisante, dut renoncer à chanter. Étendue en opérette, cette charmante romance mérita les louanges du sévère Clément qui en perçut « la sensibilité, l’élégance et la distinction ». Meyerbeer, toujours habile confrère, déclara qu’il eût « voulu l’avoir faite », et Paul de Musset remercia les auteurs de « l’hommage gracieux rendu à la mémoire de son frère, dans le privilège donné à sa chanson de toucher tous les cœurs ». Enfin Xavier Aubryet, qui aimait à parler musique et à décerner aux maîtres des épithètes brièvement défini-

[1] Il est comique et attristant de voir que Scudo et Clément, tout portés qu’ils soient contre Berlioz, s’unissent cordialement à lui pour administrer la bastonnade à leur commune victime. Bel et très peu rare exemple d’une « union sacrée ! »

tives, déclara magistralement qu'Offenbach, « moineau volant », était préférable à Berlioz, « aigle empaillé et alchimiste mélodique ».

A une facétie montrant *Les Musiciens de l'orchestre* s'éparpillant dans la salle pour y accomplir maintes folies — à l'instar des apothicaires de M. de Pourceaugnac, mais avec d'autres instruments — succéda *Le Pont des soupirs*, où se rencontrent de jolies pages que complète naturellement le *Carnaval de Venise*.

Nous avons fait exprès de retarder la venue du célèbre *M. Choufleuri restera chez lui le...*, livret signé d'Hector Crémieux, Ludovic Halévy, Lépine et de Saint-Rémy — pseudonyme du duc de Morny qui tint à laisser son nom dans la coulisse.

M. Choufleuri, apparu en mars 1861, ne sera pas un isolé dans la carrière dramatique de ce séduisant personnage, et l'année suivante Mérimée écrira à son ami Panizzi, au sujet de fêtes données à Compiègne : « On a chassé, dansé et joué la comédie. C'est M. de Morny qui avait fait les deux pièces jouées devant Leurs Majestés. La seconde était un impromptu commandé par l'empereur, qui en avait donné lui-même le sujet : cela s'appelle *La Corde sensible*. » Cette pièce contenait « des épigrammes sur les gens présents, à commencer par Leurs Majestés. Tout cela entremêlé de calembours et de lazzis de toute sorte. »

Toujours est-il qu'Offenbach trouva en ce frère probable de Napoléon III le plus aimable comme le plus influent des protecteurs. C'est à lui vraisemblablement qu'il dut ses lettres de naturalisation en janvier 1860. Un musicographe notable, Léonce Mesnard a conté, avec quelque injuste virulence, l'histoire de cette opération : « Faut-il qu'elle se montre bonne fille, la musique, pour obtenir parmi nous le bénéfice d'une petite ou même d'une grande naturalisation, comme le démontre l'anecdote suivante qui a, croyons-nous, le mérite de l'inédit ! Il était Allemand et qui plus est, Prussien d'origine, le créateur de l'opérette ; mais à tout seigneur tout honneur ! L'empereur Napoléon III comprit vite de quelle importance étaient... le talent et l'illustration de ce médiateur... dont l'office était d'unir par la communauté du rire les foules et la haute société. Il s'empressa donc d'accueillir favorablement une demande de grande naturalisation formée par le maëstro. En conséquence, un projet de décret, accordant à cet amuseur public la faveur exceptionnelle réservée, suivant l'esprit de la loi, à ces hautes personnalités qui, sans distinction de patries, font honneur à l'humanité, était soumis au Conseil d'État impérial. Toutefois, celui-ci, sur l'avis de ses membres, rendit une opinion défavorable, qu'un commandement venu d'en-haut eut vite fait de rendre conforme au désir du souverain. [1] » Il semble bien qu'Offenbach lui ait donné raison en préférant réellement sa nouvelle patrie à l'ancienne.

Ces préliminaires posés en l'honneur du noble père

---

[1] *Essais de critique musicale* (1892).

de M. Choufleuri, rendons visite à cet honnête bourgeois, non plus gentilhomme comme son devancier, mais autant que lui féru d'art musical. Lui, sa fille et son futur gendre se voient contraints de remplacer au pied levé de célèbres chanteurs italiens imprudemment invités. De là un *imbroglio* de bouffonneries fort piquantes, au sommet desquelles brille l'immortel *trio italien* où se trouvent étonnamment parodiés Bellini, Donizetti et Verdi[1]. L'Espagne n'en doit pas être jalouse, puisqu'elle se peut enorgueillir de l'amusant *boléro* :

> Pedro possède une guitare,
> Une guitare bien bizarre ;

et la France enfin reconnaît sa veine comique dans le trio : « C'est Babylas ! », empreint d'une gaîté si éminemment scénique. Nous croyons pouvoir placer cette opérette auprès du *Maître de chapelle* et des *Rendez-vous bourgeois*, tant pour la musique que pour les paroles.

Passons sans nous y attarder devant *Apothicaire et Perruquier*, devant *Le Roman comique*, où Scarron tient peu de place, devant *Monsieur et Madame Denis*, dont une exquise *Chacone* eût mérité la vogue de la *Chanson de Fortunio*. Passons également devant *Le Voyage de MM. Dunanan père et fils*, non sans en saluer la jolie *Barcarolle* et l'alerte *Chœur des Guitares*. Mais faisons

---

[1] Il est amusant de comparer le texte de l'exhilarant trio pseudo-italien : « *Italia la bella... macaroni buona... Io sono Paméla, Nativa Montmartro, questa Batignola...* » etc., à la scène des Médecins grotesques, au Ier acte de *M. de Pourceaugnac*, avec son « *poco di tabac* »... etc... La plaisanterie de Molière est l'ancêtre de celle d'Offenbach et de Morny.

halte chez *Les Bavards*, tirés d'un *intermedio* de Cervantès par Nuitter, et dégageant une irrésistible gaîté. Nous sommes bien au pays des coups de soleil, des coups de rapière et des coups de langue ; un duel appartenant à cette dernière catégorie a lieu entre le chevalier Roland et Doña Beatrix, épouse du señor Sarmiento. Or, chose inouïe, c'est l'homme qui l'emporte sur la femme, aux grands applaudissements des féministes : sous l'averse de proverbes, de citations pédantesques lancées à foison, la bonne dame tombe anéantie... et radicalement guérie du bavardage, — heureuse pourtant, du moins je l'espère. — d'avoir prouvé par sa défaite, que l'homme peut être encore plus babillard que la femme... Celle-ci se retire dans le silence, tandis que l'insupportable chevalier « bavarde des misères », ainsi que Saint-Simon l'affirme du duc de Béthune. Résumant l'impression générale, le chaleureux Paul de Saint-Victor écrivit : « Ce sont des kyrielles de lazzis, des ribambelles de coq-à-l'âne, et des festons de billevesées. C'est le salmigondis faisant le bruit d'un charivari... Sur ce joli poème, M. Offenbach a jeté des airs à faire damner l'alcade de la pièce et à défrayer toutes les sérénades de Paris. Ce n'est plus de la caricature musicale, mais un tableau de genre plein de couleur et d'esprit. La bouffonnerie en est élégante ; le musicien reste léger dans sa charge ; ses coq-à-l'âne même ont des ailes. Le verre d'Offenbach n'est pas grand, mais il boit toujours dans son verre, et la liqueur qu'il y verse gagne et s'épure tous les jours. » Cet aimable critique juge sainement. Il suffirait du *Chœur des Créanciers*, du duo bouffe, du *Trio du Silence*, d'un quintette bien ouvré et d'une valse irrésistible pour mériter à ces *Bavards* une reprise dont nos éminents directeurs ne songent nullement à l'honorer[1].

Lischen et Fritzchen, représentés en 1864, — un an après cette opérette hispanique — nous amènent en Alsace et servent de début à Zulma Bouffar qui chante, notamment, de concert avec son digne partenaire Désiré, un duo : « Je suis Alsacien, je suis Alsacienne », lequel fait fureur. N'oublions pas la collaboration involontaire apportée par La Fontaine avec sa fable *Le Rat de ville et le Rat des champs*, traduite en un idiome franco-germain qui eût probablement dérouté le génial bonhomme. Le gentil couple était flanqué d'un acte intitulé *Il signor Fagotto*, déjà donné à Ems l'année précédente et dans lequel on applaudit un remarquable sextuor, et aussi un air imitant les cris d'animaux variés. Offenbach avait là un glorieux devancier, et l'on sait avec quel charme naïf le grand Haydn évoquait, en sa *Création*, le gazouillis des oiseaux, les jeux des poissons, les rugissements du lion et les divers mouvements du cheval, du cerf, du tigre, etc., — voire même les ébats des insectes[2].

---

[1] « Offenbach » écrivit Saint-Saëns, « se dépassa lui-même et fit un petit chef-d'œuvre dont la réapparition aurait certainement un grand succès... mais il faudrait pour cela l'équivalent de la créatrice (Mⁿᵉ Ugalde), que je ne vois nulle part. »

Mⁿᵉ de Staël blâme « cette recherche d'esprit... La musique se traîne

Offenbach, surmené par ces travaux multiples, doit renoncer à diriger l'exécution de son ballet *Les Fées du Rhin*, joué à Vienne avec un gros succès. Après les répétitions il revient à Paris pour lancer ses *Géorgiennes*, sur un amusant livret de Jules Moinaux, avec une *Marseillaise* féminine et féministe. Puis il regagne Ems afin d'y donner un *Soldat magicien* — métamorphosé plus tard aux Bouffes en *Fifre enchanté* — qu'accompagnent *Jeanne qui pleure et Jean qui rit*. On prendra un aperçu de son « emploi du temps » par cet extrait d'une lettre adressée à Mme Offenbach :

« A 6 h. 1 2, je me suis levé et j'ai bu.

« A 9 h., Désiré et Paul sont venus pour prendre une leçon sur *Jeanne*.

« A 10 h., j'ai assisté à la répétition générale de *Fortunio*.

« A 11 h., déjeuner.

« A midi, répétition du *Soldat*.

« A 2 h. 1 2, visite de M. de Talleyrand, le ministre de France à Berlin, qui m'avait prié d'aller le voir pour me présenter à sa femme.

« A 4 h., mon bain.

« Il est 5 h., j'écris à toi.

« A 6 h., je dîne.

---

quand les serpents sont créés; elle redevient brillante avec le chant des oiseaux... Ce sont des *concetti* en musique que des effets ainsi préparés, etc. » (*De l'Allemagne*). Qu'eût-elle dit en oyant le grand air du *signor Fagotto*, poétique évocation du Jardin des plantes ! Au reste, nous retrouverons le sens de l'entomologie musicale chez Offenbach, dans son *Roi Carotte*.

HORTENSE SCHNEIDER DANS LE ROLE DE LA GRANDE DUCHESSE
Gravure de G. Demargeat.

« Ce soir, à 7 h. 1 2, ensemble de *Jeanne* et du *Soldat* chez moi. »

L'année 1864 ne devait pas s'écouler sans la menace d'une catastrophe : Hortense Schneider, dont la direction du Palais-Royal refusait d'augmenter les émoluments, affirmait sa décision de renoncer à Offenbach et de se réfugier à Bordeaux. Mais voici qu'au moment où notre étoile emplit ses malles, Offenbach et Ludovic Halévy se présentent devant la porte close. Un dialogue Cornélien s'engage à travers la cloison palpitante : « Nous vous confions un rôle étonnant. — Trop tard, j'abandonne le théâtre. — Une création superbe pour le Palais-Royal !... » — Refus réitéré. Cris de rage ! Imprécations ! Insistance... Puis *decrescendo* vers une accalmie, grâce au séduisant exposé de la création offerte : le rôle d'une reine grecque. — Dès lors, plus de résistance :

Jacques s'est approché du piano et a fredonné quelques motifs de la nouvelle œuvre... Tout s'arrange : Bordeaux se passera d'Hortense, les Variétés remplaceront le Palais-Royal. Les appointements de la diva seront quadruplés, et l'on va pouvoir commencer les répétitions de *La Belle Hélène !*

IV

Après d'interminables et fiévreuses répétitions, la belle
princesse parut devant le public le 18 décembre 1864,

> Parmi le fracas immense
> Des cuivres de Sax ![1]

Le succès monta au triomphe qui s'élargit jusqu'au
délire. Victorien Sardou, en un billet adressé au compositeur dès le lendemain de la première, affirmait que
« la pièce entière » lui avait « trotté toute la nuit dans
la tête. Vos acteurs », ajoutait-il, « vous ont très bien
servi : Dupuis et Grenier sont très amusants, Mme Schneider a joué comme elle sait jouer, et aussi chanté avec
un art que je croyais perdu ». Même enthousiasme
à Vienne et à Berlin. Quant aux critiques, les uns

[1] « Les cuivres de Sax », ici chantés par les librettistes de *La Belle
Hélène*, étaient à l'ordre du jour. Banville célèbre volontiers « les Sax
aux voix de fer », « le clairon de Sax », à qui il compare la trompette
de sa Muse. Il envoie même au fameux inventeur cette dithyrambique
apostrophe : « Sax, à qui un peuple hellène eût élevé des statues s'il
ne l'eût divinisé, a inventé des familles d'instruments à vent en cuivre,
tout un orchestre que la voix des ouragans ne peut faire taire... »
(*Commentaire des Odes funambulesques*).

blâment et crient au sacrilège. D'autres profitent gaie-
ment de l'amusement si largement offert. Un d'eux,
Gartault, humaniste distingué, s'exprime là-dessus en
termes agréables : « O cabrioles, ô cascades, folies des
sens et de l'esprit! pétillement du champagne, bruit de
l'or et frisson de la soie, parfums de femmes et soubre-
sauts de nymphes en fureur; c'est au milieu d'une
sorte de délire bachique qu'apparaissent à l'imagination MM. Meilhac et Halévy. Les mélodies endiablées
d'Offenbach ont promené leurs noms dans le monde
entier. Ironiques, impétueuses, caressantes, elles bon-
dissent d'orchestre en orchestre. Elles effleurent du
bout de l'aile les plus chastes pianos, en les faisant
tressaillir de désirs inconnus... Aux bords de l'Ilissus,
j'ai entendu monter, des cafés-concerts jusqu'aux
oreilles de Pallas Athéné, ces paroles de défi :

> Gloire à Vénus!
> Gloire à Bacchus!
> Et foin de la chaste Minerve!

« Et les pâles oliviers secouaient avec étonnement
leur feuillage sacré. Les couplets orgiastiques qui s'en-
volaient du boulevard allaient mettre à l'envers jeunes
et vieilles cervelles. La France en goguette et chancelante conduisait la sarabande des viveurs et le carnaval
cosmopolite. »

Offenbach parvenait ainsi à l'apogée de sa fortune,
en une époque définie d'un seul mot par Nestor Roque-
plan : « Le Paroxysme. » Évidemment, la poésie pure

n'y trouvait pas son compte, et c'est ce que pensait Banville, criant à sa Muse Érato — celle dont les mains portent une lyre et un archet :

> Viens devant ce peuple qui bout
> Jouer du violon debout
> Sur l'échelle du saltimbanque!

Mais Homère, comment eût-il accueilli cette parodie ?[1] — Au fait, ne s'y était-il point préparé par la *Batrachomyomachie*, dont les personnages arborent des noms dignes de ceux que nous avons déjà relevés à travers maintes opérettes : *Joufflue*, *Pille-miettes*, *Ronge-pain*, *Fouille-marmite*, *Avale-tout?* Cet amusant poème est bel et bien une parodie de l'Iliade.

Franchissons un bon nombre de siècles et nous rencontrons une *Iliade travestie* par Marivaux, nouveau jeu de l'humour et du hasard. Au surplus, Homère n'est pas seul à subir l'irrévérence du « burlesque », et Virgile en reçoit sa bonne part, avec le VI⁰ chant de son *Énéide*, victime d'un travestissement dû à Charles Perrault, et qui était cependant anodin auprès du *Virgile travesti* de Scarron, — également créateur du *Typhon* dressé contre l'Olympe. Estimerions-nous, par hasard, que Didon récitant le *Benedicite*, la nymphe Déïopée déclamant « le *Cid* du poète Corneille » soient plus anachroniques que ne l'est la belle Hélène annonçant qu' « une voix sortie des rangs du peuple » la qualifiera en ces termes peu usités à la cour de Sparte : « Ce

[1] Et aussi « la traduction et parodie en vieux gaulois » de ses poèmes par Littré, que critique si vertement Sainte-Beuve?

n'est pas une reine, c'est une cocotte!... », ou disant
tendrement à son royal époux : « Va-t'en, mon loulou,
va-t'en n'importe où ! » — Et puis, Boileau, législateur
du Parnasse, ne parodia-t-il point, en son *Chapelain
décoiffé*, de belles scènes du *Cid*, — exemple que sui-
vit à tort Mme Deshoulières ? De nos jours, enfin, l'un
de nos plus spirituels écrivains, Jules Lemaître, ne
nous a-t-il pas donné, aidé par la musique de Claude
Terrasse, un amusant et ironique *Mariage de Télé-
maque* dont l'audition eût douloureusement affecté
M. de Cambrai ?

Ouvrons la partition. Dès la première page, elle nous
entraîne en son courant irrésistible. *Soli* et ensembles y
sont gouvernés par un rythme despotique. Écoutez la
Marche des Rois de la Grèce, que bon gré mal gré vous
devrez suivre, et goûtez l'effet produit par ces répétitions de syllabes rebondissant d'un mot sur l'autre :

> Ces rois remplis de vaillance,
> Plis de vaillance,
> C'est les deux Ajax.
> Étalant avec jactance
> Leur double thorax...

Ménélas n'aurait garde de négliger un si vibrant
exemple. Aussi s'écrie-t-il à son tour :

> Je suis mari de la reine,
> Ri de la reine.

imité par son frère Agamemnon proclamant :

> Le roi barbu qui s'avance,
> Bu qui s'avance...

Au reste, ce procédé, d'un effet sûr, et qui n'est qu'une extension de celui que pratiquèrent Bach, Lully, Mozart, Gossec et bien d'autres, — ce *truc*, si l'on préfère un mot plus expressif, sera exploité bien des fois encore par les facteurs d'opérettes.

Les récits de Calchas, qui affectent une certaine tenue gluckiste, se soudent à l'entraînant final : « Pars pour la Crète ». Çà et là des chants amoureusement passionnés se dressent avec une poétique sincérité, et si le *Trio patriotique* parodie assez comiquement l'admirable trio de *Guillaume Tell*, il se développe ensuite avec un art incontestablement personnel. Joignez à cela un dialogue endiablé, serti de jeux de mots comme seul Orphée ose en faire [1], avec encadrements de prière, de tyrolienne, de chœur *a capella*, le tout en un apparent pêle-mêle savamment organisé ; et vous concevrez sans difficulté qu' « au succès étourdissant de *la Belle Hélène* s'ajoutait une pointe de scandale. Quant au public, il se laissait scandaliser en toute candeur [2] ».

[1] Tel celui-ci, proféré par l'acteur figurant Calchas et disant à la reine : « Tu voudrais voir Paris... avant l'Exposition ! »

[2] Henry Roujon : *Artistes et amis des Arts*. Le public des Etats-Unis ne se scandalisa pas davantage, lorsque, au cours de la tournée qu'y fit Sarah Bernhardt en 1880, l'orchestre, pendant les entr'actes de la *Phèdre* de Racine, exécuta le quadrille de *la belle Hélène*. Ne nous récrions pas : Gœthe raconte qu'il vit jouer « un grand *opera seria* en trois actes, dans les deux entr'actes duquel on donnait deux ballets n'ayant aucun rapport entre eux ni avec l'opéra lui-même. Le premier était un divertissement héroïque, le second un ballet comique où les danseurs montraient l'adresse et la force de leurs jambes. Quand ce dernier était terminé, l'opera seria continuait aussi gravement que si on n'avait assisté à aucun intermède comique, et le spectacle finissait par des scènes grandioses et solennelles. On avait là une *Pentalogie*,

En revanche, la vertueuse Angleterre déplorait un autre scandale, causé par les mœurs et les amusements de la Babylone impériale. Le satirique *Punch* baissait les yeux devant les costumes des dames de la cour [1]. Ce qui n'empêcha point l'opérette d'être, un peu plus tard, ainsi que nous le rapporterons, jouée devant les souverains d'Albion.

Laissons maintenant la place aux *Bergers*, dont le poème, écrit par Hector Crémieux et Philippe Gille, enchanta le musicien, qui le présenta en ces termes aux lecteurs du *Figaro* :

« Ce poème est une série de pastorales encadrées dans une belle et bonne pièce. Voilà mon opinion courageuse sur l'œuvre de mes collaborateurs. Ils m'ont avoué, du reste, avec la même rude franchise, que ma partition était un triple chef-d'œuvre. Au premier acte, nous sommes en pleine antiquité, et, pour montrer à la mythologie que je n'ai pas de parti-pris contre elle, je l'ai traitée en *opera séria*, étant entendu, n'est-ce pas ? que la musique *séria* n'exclut pas la mélodie. » Il s'agit de l'épisode de *Pyrame et Thisbé*, devenus Myriam et Daphné.) « Je n'aurais pas osé faire pleurer l'amant par l'amante sur l'air du *Roi Barbu*, et je me

et elle était fort bien accueillie des spectateurs. » (*De la Tétralogie des Grecs.*) L'on voit par là que les Américains, en faisant danser le quadrille par « la fille de Minos et de Pasiphaé » se montraient impeccables traditionalistes.

[1] L'Autriche, en compensation, se prouva moins pudibonde ; et le jour où, à Pesth, François-Joseph ceignit la couronne de Saint-Étienne, *La Belle Hélène*, traduite en langue magyare, fut solennellement représentée.

Les lundis de Madame. — Toilette de chez soi, de 3 à 5 heures.
— Cher baron, croiriez-vous que je n'ai vu encore que trois fois la duchesse de Gerolstein?

LA VOGUE DE LA *Grande Duchesse.*
Dessin de Bertall.

suis cru obligé, pour tout ce premier acte, d'emboucher mes pipeaux sur un mode plus élevé[1]. Au second acte, j'ai nagé en plein Watteau, et j'ai mis tous mes efforts à me souvenir (c'est si bon de se souvenir!) de mes maîtres du XVIII⁰ siècle. Dans l'orchestre comme dans la mélodie j'ai tâché, autant que possible, de ne pas m'éloigner de ce style Louis XV, dont la traduction musicale me séduisait tant. Au troisième acte, j'ai cherché à réaliser la musique Courbet... Trois époques, et par conséquent trois couleurs différentes réunies dans le même opéra... Priez votre public de devenir le mien, de bien écouter le premier acte, de rire beaucoup au deuxième et de se tordre au troisième. »

Le public se conforma médiocrement aux vœux exprimés par cette aimable lettre, surtout pour le dernier acte, où sa torsion laissa vraiment à désirer. Et pourtant l'un des acteurs, Désiré, avait imaginé un amusant épisode : dans le rôle d'un berger juché sur un tonneau et déclarant s'appuyer sur les principes de 89, il défonçait son trône rustique, puis observait philosophiquement : « Décidément, ces principes ne sont pas très solides ! » Sur quoi la presse avancée ne manqua point de flétrir « la corruption impériale » qui pouvait tolérer cet impardonnable blasphème, lequel fut d'ailleurs puni d'une amende. Et désormais Désiré ôta respectueusement son chapeau lorsqu'il rappela

[1] Ce que confirmera Paul de Saint-Victor : « Toute la musique du premier acte est exquise, un souffle d'églogue antique y circule. On est surpris et charmé d'entendre le joueur de mirliton de *la Belle Hélène* tirer ces doux airs de la flûte des pâtres de Théocrite. »

« les immortels principes » sur lesquels il avait osé s'asseoir !

Regrettons sincèrement la chute de « l'Idylle et du Trumeau », sous-titres des deux premiers actes. « La Bergerie réaliste » formant le troisième eût dû cependant plaire au public, ne fût-ce que par une certaine « Soupe aux choux » traitée en Ronde bouillonnante. Mais qui pourra jamais expliquer les mystères de « ce monstre énorme qu'on nomme le public », ainsi que le décrivait Voltaire à Mme du Deffant !

Nous sommes en 1865. Découragé par cette défaite, Offenbach se dissocie de l'administration des Bouffes. A ce sujet, l'*Almanach de la musique* publia cette information : « Nous annoncions l'an passé que M. Offenbach avait repris la direction de ce théâtre. Sa nouvelle gestion n'a pas été de longue durée, et, peu de temps après la représentation des *Bergers*, c'est-à-dire vers le mois de janvier, ce musicien *illustre* se retira de nouveau... Ce théâtre, il faut le dire, n'a plus fait que végéter et se mouvoir au milieu de difficultés presque insurmontables... En ce moment on assure que c'est une grande artiste, Mme Ugalde, qui va prendre la direction des Bouffes-Parisiens. Puisse-t-elle réussir, et nous délivrer à jamais de M. Offenbach, de sa musique et de ses prétentions absurdes ! » — Vœu aussi singulier que peu charitable, si l'on songe que la remarquable actrice avait interprété brillamment *les Bavards* et *les Géorgiennes*, de l'*illustre* victime du farouche *Almanach* ! Là-dessus lesdits Bouffes reprennent

Orphée avec une chanteuse justifiant son nom de Cruch, auquel se substitua le pseudonyme de Pearl, qui malheureusement faisait songer à certaine coquille... On ne saurait penser à tout. — Elle jouait le rôle (pour prononcer comme elle) de *Kioupidonn*, procurant ainsi à l'amant de Psyché une lettre de naturalisation bien inattendue. La jeunesse du quartier latin protesta au nom de la Grèce, ce qui lui valut un pied de nez britannique, lequel, heureusement, n'amena aucune complication dans la diplomatie européenne.

Si j'ai cru inutile de m'arrêter devant *Coscoletto* et *Les Refrains des Bouffes*, je saluerai, par contre, l'apparition, en février 1867, de *Barbe-Bleue* aux Variétés. Nouveau succès pour les trois inséparables, restés fidèles aux récidives syllabiques :

> Il faut qu'un courtisan s'incline,
> San s'incline...

En ce *Barbe-Bleue* qui, chronologiquement, s'insère entre le *Raoul Barbe-Bleue* de Grétry et l'*Ariane et Barbe-Bleue* de M. Paul Dukas, la farouche légende est nécessairement édulcorée. Les sept épouses du sire échappent à leur funeste sort, ainsi qu'il sied en une opérette. Quant à la partition, le critique Jouvin estima qu'elle présentait « les qualités et les défauts des cent autres signées de ce nom en vogue : Jacques Offenbach », jugement assez facile à porter. Une valse accompagnant le tirage au sort des rosières, et un grand duo conjugal entre M. et Mme Barbe-Bleue méritaient l'approbation

des connaisseurs qui y applaudirent Dupuis et Hortense
Schneider, celle-ci incarnant l'héroïne parée du nom
grassouillet de *Boulotte*. L'Angleterre, probablement
en mémoire de son Henri VIII, surenchérit sur le pit-
toresque de la présentation parisienne. Mais le *Figaro*,
par la plume de son correspondant Paul Joubert,
protesta contre ce « travestissement ». Les acteurs
avaient jugé plaisant d'enduire leur visage de saindoux
et de noir de fumée : « Si cette pseudo-Cafrerie était
drôle, on passerait encore. Mais ces prétendus chanteurs sont des clowns, cette Boulotte est une acrobate
qui accompagne son jeu de sauts de carpe et de poses
académiques désagréables à voir... Ces Anglais riaient
à se tordre et applaudissaient à s'écorcher les mains... »
Détournons-nous de ce navrant manque de goût et repas-
sons le détroit pour revenir, en notre capitale, savourer,
au Palais-Royal, le charme de *La Vie Parisienne*, toujours dû au sympathique trio. Les répétitions en avaient
été moroses, seul le compositeur gardait une foi inébran-
lable aux « choses adorables » qu'il y avait semées.
Il avait raison, ainsi que le prouva le succès de la
pièce et de ses merveilleux interprètes : Gil Pérès, Brasseur, Hyacinthe au nez légendaire, Céline Montaland,
Honorine et Zulmar Bouffar. Les choristes aussi
eurent leur part de gloire avec le chœur des « Employés
de la ligne de l'Ouest, qui dessert Saint-Malo, Batignolles
et Brest », le tragique ensemble : « Votre habit a craqué
dans le dos », etc. — Nous voici en février 1867. Deux
mois plus tard les Variétés rivales produisent l'éblouis-

sante *Grande-Duchesse de Gérolstein*, qui doit, selon le bon Martinet, en son étude sur Offenbach, « affoler l'Europe et attirer l'Univers à Paris ! » Que pourrait-on souhaiter de plus ! Hortense Schneider, un instant piquée par une question de costume, faillit manquer à la première représentation ; mais l'appel de la musique eut vite fait de la ramener à sa mission : « Comme un cheval de cirque qui entend la polka », s'écria-t-elle ensuite, « je séchai mes larmes, et quand le rideau se leva, j'étais souriante ! » Ne regrettons pas cet incident, puisque nous lui devons la lyrique évocation d'un souriant cheval qui polke en portant à ses yeux un mouchoir imbibé de larmes joyeuses !

L'énorme bouffonnerie raillait éperdûment le galon militaire et la folie des grandeurs princières. Elle daubait aussi le gouvernement et plaisait par là aux étrangers qui remplissaient la grande ville, nouvelle Tour de Babel que nous avons depuis lors élevée de quelques étages. Le général Boum, le baron Grog et le soldat Fritz composaient une trinité dominée par la gracieuse souveraine. Il va de soi que tous les monarques de l'Europe accoururent pour applaudir l'*opera buffa* qui les caricaturait si drôlement. Précédés par l'Empereur et par l'Impératrice, les rois, les princes et les ministres honorèrent de leurs applaudissements la nouvelle sœur qu'était *La Grande-Duchesse*. Et l'on ne peut nier qu'elle présentât un commentaire, à la vérité inattendu et peu respectueux, du chef-d'œuvre d'Alfred de Vigny : *Servitude et grandeur militaires*. C'est ainsi que la nouvelle

opérette rendait au romantisme un involontaire hommage.
La musique s'y alliait merveilleusement aux paroles.
Les couplets de *Pif-Paf* faisaient concurrence à ceux
des *Huguenots*, dont la *Bénédiction des Poignards* était
également parodiée. Et que d'autres pages ! Une bac-
chanale modèle, une *Légende du verre*, qui est comme
le *Bock du Roi de Thulé*, une *Chronique de la Gazette de
Hollande*, un rondo sorti du cœur de l'héroïne : « Ah !
que j'aime les militaires ! » mais surtout les couplets où
elle présente le sabre de son père ! Ce sabre mit en
délire l'armée des spectateurs, et sa gloire l'emporta
à leurs yeux sur celle de ces lames fameuses que
furent Tizona, Nothung, Balmung, Joyeuse et Durandal.
Joignez une inégalable interprétation : Dupuis, Couder,
Kopp, Baron, Grenier — et surtout Schneider qui reçut
des librettistes ces lignes éloquemment sincères :
« Si nous disions ici tout le bien que nous pensons de
toi, tu serais vraiment trop orgueilleuse ! »

Que voulez-vous ! Les visiteurs de l'Exposition de
1867 étaient peu portés à la nostalgie. Après la guerre,
il en devait aller différemment, et une reprise de *la
Grande-Duchesse* parut la changer en une grimaçante
satire. Mais pour l'instant, tout ce qui raillait « ces
manches à sabres qui composent une armée », comme
disait Stendhal, était porté aux nues. « Tous les jeunes
gens bien nés meurent de peur d'être dans le cas de se
battre pour la patrie à un moment donné », écrivait
Mérimée qui assurément ne les jugeait que d'après une
trompeuse apparence. Puis il était du petit nombre de

ceux que n'envoûtait point la grande séductrice : « Je suis allé à l'Exposition », continue-t-il, je n'ai pas été ébloui... Vous me paraissez très enchantée de ce bazar : peut-être que votre enthousiame éveillera le mien. » Il ne semble pas avoir grossi de sa présence la foule des courtisans de *la Grande-Duchesse* ; d'ailleurs sa santé chancelante ne l'y pouvait inciter. Adressons-nous plutôt à Bertall, dessinateur mondain de *l'Illustration* et aussi des costumes revêtus par les *Bergers* précités. Dans les *Lundis de Madame* nous entendons celle-ci dire au « cher baron : Croiriez-vous que je n'ai vu encore que trois fois la *Grande-Duchesse ?* » Puis Bertall nous communique cette objurgation adressée aux professeurs de l'Université par la Ville de Paris : « Retournez dans vos foyers et chauffez-y l'émulation de vos élèves. Qu'ils n'ignorent plus quels sont les succès de l'année : Les grands buffets qui sont britanniques, allemands ou bavarois : Offenbach, qui est de Cologne, et *la Grande-Duchesse*, qui est de Gérolstein. »

Mais, à travers toutes les apothéoses des autres scènes, la vision de l'Opéra-Comique hante sans cesse la pensée du *maestro*. Y revenir pour réparer le sanglant échec du défunt *Barkouf*, quel rêve !

Certes, le courage ne manquait pas à l'infatigable musicien qui, affligé d'une goutte tenace, se rendait en chaise longue aux répétitions de son *Robinson Crusoé*, opéra-comique en trois actes, livret de Cormon et Crémieux, enfin reçu par le théâtre tant con-

OFFENBACH, CHEVAUCHANT SON VIOLONCELLE.
LOPE, ENTOURÉ DE SES CRÉATIONS : LES DEUX AVEUGLES, CROQUEFER
ORPHÉE, FORTUNIO, BARKOUF, BARBE-BLEUE ET LA BELLE HÉLÈNE

Dessin d'André Gill (Bibliothèque de l'Opéra).

voité, et finalement représenté le 23 novembre 1867[1].

Extraire un livret du chef-d'œuvre de Daniel Defoë ne semble pas facile, et l'on pouvait s'attendre à un long monologue décrivant une île déserte.

Robinson, cependant, ne reste pas longtemps seul à peupler la sienne. Après Vendredi arrivent des naufragés poursuivis par les Caraïbes, puis des Corsaires qui ne laissent pas d'animer l'exotique décor. Les incidents se pressent : on s'apprête à brûler vive, sur un bûcher rappelant celui de la *Vestale*, une touchante Edwige. (Ne sommes-nous pas à l'Opéra-Comique ?) Mais tout s'arrange, et Robinson, escorté par ses fidèles compagnons, revient paisiblement en Angleterre. *Home, sweet home !...*

« Partition décousue et diffuse, déclara justement Savigny dans l'*Illustration*, tout en louant de nombreux morceaux : « Une fort belle Introduction, très large et très poétique ; au second acte, un élégant quatuor

---

[1] Un *Robinson secondo* de Trento, joué en Italie (1798) et un *Robinson* de Duvert, Lausanne et Montauban, opérette représentée à Paris en 1859, semblent constituer tout le bagage musical du célèbre voyageur. Notons aussi que la *Chronique musicale* du 16 septembre 1869 annonçait : « Eh quoi ! M. Offenbach nous quitte ! Il emporte en Espagne la totalité de son répertoire. Une troupe française l'accompagne. Que vont devenir les Parisiens ??? Du reste, la capitale de la Nouvelle-Castille ménage au maëstrino une surprise qui ne peu manquer de lui être agréable : on est en train d'y représenter son *Robinson Crusoé*. Seulement la musique du maître est remplacée par celle d'un nommé Barbieri. » Ce qui ajoute quelque sel à ce procédé d'une loyauté plutôt douteuse, est que ledit Barbieri, auteur de plusieurs opéras joués à Madrid avec succès, était le procréateur d'une Association destinée à fonder un Opéra espagnol s'opposant à l'italien. C'est pourquoi, sans doute, il remplaçait par sa propre musique celle d'un Allemand naturalisé français et célébrant un héros britannique ?

vocal, une ronde anglaise. » Une chanson expliquant
l'art de préparer le pot-au-feu, et les couplets de Vendredi, étaient de même à retenir. Bref le Jouvin du
Figaro déclara : « Le succès de *Robinson* signale le
retour du goût public vers le véritable genre de l'Opéra-
Comique ! » Il fut corsé par le choix des interprètes :
Montauban, Sainte-Foy, Mlles Cico et Galli-Marié, la
future créatrice de *Carmen*.

L'année 1868 salue le retour aux Variétés de l'ir-
remplaçable Schneider, quelque temps égarée dans la
féerie. Puis elle va présenter *La Belle Hélène* aux souverains anglais. Entre temps le Palais-Royal inaugure
Le Château à Toto, dans lequel nous ne chercherons point
asile. Le *Figaro*, sous la signature de Benedict, estima
que « les amis, les admirateurs quand même du maître
à la mode n'avaient point emporté de cette représentation même un lambeau de ritournelle. » Les Bouffes
furent plus heureux avec *L'Ile de Tulipatan*, non plus
émanée du « Trio », comme le castel précédent, mais
de Chivot et Duru qui y déployèrent un esprit raffiné,
ainsi qu'il appert de cette phrase : « T'auras beau geindre,
tu ne seras jamais le mien ! » Le peuple le plus spirituel du globe ne pouvait résister à de telles beautés,
que rehaussait encore une musique appropriée ; et
L'Ile de Tulipatan ne risqua jamais de devenir déserte.
Mais il est temps de nous diriger vers les Variétés où
nous attend *La Périchole*, due à nos triumvirs plus unis
que jamais. Cette *Périchole* est une dame péruvienne,
pittoresquement insérée par Mérimée en son charmant

Carrosse du Saint-Sacrement, dans ce *Théâtre de Clara Gazul* à la fois si espagnol et si français[1]. Elle nous apparaît comme une cousine de Manon Lescaut, et aussi de l'Angèle du *Domino noir* et de la Catarina des *Diamants de la Couronne*. Elle chante de fort jolis airs, notamment une *Lettre* fameuse[2] et les couplets de l'*Aveu*. Il faut signaler en outre des ensembles extraordinairement animés, entre autres une parodie d'un chœur de *La Favorite*, qui au surplus s'y prêtait à merveille : « Quel marché de bassesse! », et ne pas oublier l'inéluctable jeu des répétitions de syllabes, à propos du cachot qu'on réserve

Aux maris ré..., aux maris cal..., aux maris ci.., aux maris trants...
Aux maris récalcitrants.

On y doit joindre le *Final* magnifiquement terminé par le célèbre

Il grandira, car il est Espagnol,
Gno, gno, gno, gno, gno, gno, gnol !

qu'aurait pu prendre, pour épigraphe de son *Éloge de*

[1] « Dès l'abord, Mérimée avait beaucoup goûté le théâtre espagnol, qui est tout nerf et toute action : il en reprit les procédés pour composer sous un faux nom de petites pièces d'un sens profond et d'intention moderne : chose unique dans l'histoire littéraire, plusieurs de ces pastiches, *L'Occasion*, *La Périchole*, valent des originaux. » (H. Taine, *Étude sur Mérimée*). Hélas ! *Le Carrosse du Saint-Sacrement*, courageusement monté à la Comédie-Française, ne put aller au delà de cinq représentations !

[2] Hortense Schneider la détaillait avec une grâce incomparable : « Il faut l'entendre », s'écriait Paul de Saint-Victor, « chanter sa lettre à Piquillo, et en souligner tous les fins passages, avec un accent de tendresse moqueuse et d'enjouement triste. C'est à la fois touchant et comique. »

l'Espagne, le roi Alphonse X, surnommé *El Sabio*. Il faut enfin admirer la *Marche indienne*, unique en son genre, et qui offre cette particularité, ignorée de tous les maîtres en musique ambulatoire — qu'ils se nomment Haendel, Gluck, Mozart, Beethoven, Meyerbeer, Wagner ou Berlioz — de ne compter que quatre mesures ; après ce développement elle est interrompue par un roulement de timbales soulignant cette affirmation apéritive : « C'est convenu, je te mangerai ! »

Pour comble d'honneur *La Périchole* fut à son tour parodiée. Un chansonnier nommé Noussot écrivit et fit jouer à l'Alcazar un *Chilpéricole* dont la musique était empruntée à l'opérette d'Offenbach et au *Chilpéric* d'Hervé, seul exemple offert par l'histoire d'une alliance entre les Péruviens et les Francs. Enfin rien ne manqua à son triomphe[1].

Et l'état-major, composé de Schneider, Berthe Legrand, Dupuis et Christian, y contribua largement.

De nouveau l'Opéra-Comique, en mars 1869, va hospitaliser un enfant d'Offenbach : *Vert-Vert*, dont le sujet avait été tiré par Meilhac et Nuitter d'une pièce

[1] Aux louanges de la presse, à l'enthousiasme du public se mêla toutefois une note mélancolique : un journal cité, mais non désigné par la *Chronique musicale*, constata qu'une reprise d'*Iphigénie en Tauride* « ne faisait pas d'argent », mais que par compensation « les cinquante premières représentations de la *Périchole* avaient produit 206.590 francs ». — « A la bonne heure ! » concluait ironiquement la *Chronique*. Dans le *Journal de Paris*, le critique Lintilhac protestait de « sa reconnaissance pour M. Pasdeloup et pour le Théâtre-Lyrique, et de son respect pour Gluck », mais il avouait ne s'être point amusé. « Nous voulons aujourd'hui que la musique éveille notre imagination et caresse nos nerfs !

de Leuven et Desforges, âgée d'une quarantaine d'années[1]. Le *Ver-Vert* de Gresset (qu'on gratifie toujours, je ne sais pourquoi, d'un *t* surérogatoire) en était l'aimable ancêtre. Chacun a lu ce léger petit poème, regardé par Jean-Baptiste Rousseau comme « le plus agréable badinage que nous ayons dans notre langue », et dont Voltaire a dit : « C'est l'ouvrage de ce jeune homme (Gresset avait alors vingt-quatre ans) où il y a le plus d'expressions de génie et de beautés neuves », — ce qui est peut-être un tantinet exagéré... On se rappelle que le principal personnage en est « un perroquet mignon » élevé à Nevers chez les Visitandines. Le triste sort de *Barkouf* ayant probablement dégoûté Offenbach de la gent animale, notre perroquet fut transformé en ténor (à l'inverse de ce qui se produit quelquefois.) Il eut, en cette circonstance, tout à gagner à la métamorphose, puisque son rôle échut au séduisant Capoul, qui parut, dit-on, un peu plus fatigué que de coutume[2], mais quand même chanta délicieusement :

> Oui, l'oiseau reviendra dans sa cage,

en quoi il diffère de celui du *Barbier*, qui saura toujours s'en échapper !

[1] Déjà l'Opéra-Comique avait donné, en 1790, un *Ver-Vert* de Desfontaines et Dalayrac, et, en 1800, le Théâtre des Jeunes artistes un *Ver-Vert ou le Perroquet de Nevers*, de Bernard Valville et Gauthier.

[2] Quelques années plus tôt le bruit avait commencé de courir que « Capoul, en train de compromettre sa voix à force de tourner les têtes et d'incendier les cœurs, roucoulait cependant d'une voix suave et tendre. » (James de Chambrier : *La Cour et la Société du Second Empire.*)

Le succès ne fut pas durable, et la presse se montra réservée. Le *Figaro* assura qu'un ensemble « très gai » avait dû être modifié « parce qu'on s'était aperçu qu'il ressemblait trop à l'air populaire *Rien n'est sacré pour un sapeur!* » Mais laissons la parole à son critique Benedict. D'abord il loue la musique de *Ver-Vert* qui est « gaie, aimable, point ambitieuse »... digne du « plus abondant et intarissable des improvisateurs. » Mais il s'écrie aussitôt : « Malheur au musicien qui voudrait, à l'Opéra-Comique, travailler à l'éducation du public, se faire son maître au lieu de rester, chapeau bas, son très humble serviteur! » A bon entendeur salut! Résumons : cette partitionette contenait une agréable leçon de danse et un gentil quatuor, et l'on y entendait avec plaisir Mlles Girard et Cico, Capoul déjà nommé, Sainte-Foy et Pedro Gailhard, futur directeur de l'Académie nationale de musique.

La Diva, de Meilhac et Halévy, surgissant, quelques jours après, du plateau des Bouffes, présentait la biographie d'Hortense Schneider sous le pseudonyme de Jeanne Bernard. Le public ne s'intéressa guère à cette demoiselle de magasin muée en actrice réputée. Prével en fit un compte-rendu figaresque d'une forme originale, dont nous détachons ce fragment : « Certes...... un grand succès..... mais... je ne crois pas... aux représentations suivantes... »

Un acte minuscule : *La Romance de la Rose*, vint ensuite, prenant pour thème principal la délicieuse mélodie irlandaise à laquelle Thomas Moore avait uni sa non moins exquise poésie : *The last rose of summer*. Employée avec bonheur par Flotow dans sa *Martha*, elle eut, avec l'intervention caricaturale d'Offenbach, la gloire douteuse d'être chantée faux, puis jouée non moins faux par une clarinette enrouée et une guitare rhumatisante. Joignez à ces drôleries peu drôles des aboiements canins (toujours le spectre de *Barkouf*, promu au grade de *Chien du Colonel*), et vous comprendrez l'engouement du public. Mais Félix Clément qui ne le partageait en aucune façon, rendit cet arrêt : « La partition ne se distingue pas des autres du même compositeur, à la fois le plus fécond en œuvres et le plus stérile en idées .. »

Décembre nous amène deux œuvres nouvelles : *La Princesse de Trébizonde*[1] aux Bouffes; *Les Brigands* aux Variétés. Nuitter et Tréfeu sont les auteurs du premier livret dont les protagonistes sont un saltimbanque, un prince et une poupée de cire apparentée à *La Poupée de Nuremberg* de Leuven, Beauplan et Adam, et à l'*Amour mannequin* de Ruelle et Gallvet. La parodie obligatoire : « Baraque héréditaire », vise *Guillaume Tell*. Parmi les *numéros* les mieux venus figurent un chœur de bateleurs, un autre, d'invention plus rare, consacré au mal de dents, et dont les notes incisives donnaient le frisson aux auditeurs, une ronde des veilleurs de nuit, et un ensemble de chasseurs que l'on mit en parallèle avec celui du *Songe d'une*

---

[1] Une *Princesse de Trébizonde* de Weckerlin, assisté de trois librettistes, avait été représentée au Théâtre-Lyrique en 1853.

nuit d'été d'Ambroise Thomas, n'osant point aller jusqu'à ceux du *Freischütz* et d'*Euryanthe*. Mais on goûta spécialement les couplets finement détaillés par une débutante qu'attendait un bel avenir : Céline Chaumont, et dont le refrain brillait par l'opulence de la rime :

> Si tu n'peux t'y faire,
> Tu n'fais pas mon affaire[1].

La *Chronique musicale* observa que « M. Offenbach, qui conduisait *lui-même* l'orchestre, s'était tourné vers le public pour distribuer des sourires en échange des ovations dont il était l'objet. Il avait fait, du reste, quelques avances à son auditoire », et en effet le critique Chadeuil nous apprend que « la veille encore on le rencontrait dans le parc... étrangement couvert d'un chapeau sans nom, d'une veste bleue, d'un pantalon jaune, d'un gilet vert et d'une ombrelle à la Robinson. Le soir de la *première*, par une condescendance qui fait honneur à son auditoire, il était vêtu comme vous et moi[2]. »

---

[1] Évidemment Banville ne pouvait prévoir, vingt-trois ans à l'avance, *la Princesse de Trébizonde* et les vers si Parnassiens qu'elle offrirait. Il n'en est que plus curieux de rappeler ce fragment d'*Une vieille lune* appartenant à ses *Odes funambulesques*) :

> Mets ton collier de strass, reine de Trébizonde !
> Entrez, entrez, messieurs ! Entrez ! suivez le monde !
> Harrah, la grosse caisse, en avant ! Patapoum !
> Zizi, boumboum ! Zizi, boumboum ! Zizi, boumboum !

[2] Si nous nous en rapportons audit Chadeuil, Offenbach était vêtu de façon encore plus fantaisiste que le Sganarelle du *Médecin malgré lui*, lequel « a une large barbe noire, et porte une fraise avec un habit

Quant aux *Brigands* — de Meilhac et Halévy — ils constituaient, proclama le *Figaro*, un mariage de raison entre l'opérette-bouffe et le style de l'Opéra-Comique. « Le compositeur a voulu élever le genre qui a fait sa popularité et ses succès. » A cette fin il avait, dans les couplets de *Fiorello*, enrichi son orchestration de deux coups de pistolets. Il y ajouta un canon chanté par les brigands, et qui, poursuit ledit article, « atteste une heureuse recherche dans la facture. Le morceau, d'une excellente valeur, d'une habile disposition pour les voix, est écrit scientifiquement : c'est du contre-point ! » (Avec quelle fierté est soulignée la valeur scientifique de ce contre-point si excellemment disposé !) Par contre, l'impitoyable critique anathématise cette œuvre nouvelle, « appartenant à une industrie lucrative, encouragée de mille manières par les fonctionnaires de l'État ». Ceci pour les protecteurs d'Halévy — et pour leur protégé, qui se surnommait lui-même « le doyen des chefs de bureau. » Il avait fait son apprentissage chez Morny, puis avait été nommé secrétaire-rédacteur à la Chambre des députés, après quoi il fut attaché au cabinet d'un ministre. Il reconnaissait plus tard l'utilité de ces successions d'emplois inutiles, qui « avaient éveillé et cultivé en lui le sens de l'irrespect ».

Les aventures du chef des brigands Falsacappa et

jaune et vert », ce qui fait clamer par Lucas : « C'est donc le médecin des perroquets ? » Notre héros, lui, pouvait, avec *Ver-Vert*, se qualifier de « musicien des perroquets ». Pour le reste nous verrons bientôt que les Américains se montraient plus exigeants, quant à la tenue, que les promeneurs du parc cher aux bons Parisiens.

les roueries du caissier Antonio sont des plus divertis-
santes. Celui-ci trouve parfois des mots touchant au
sublime, tel cet aphorisme émis après qu'il a volé, si
je ne me trompe, trois millions au duc de Mantoue :
« Il faut voler selon la position qu'on occupe dans le
monde. »

La musique est souvent des mieux venues. Le chœur
d'entrée, annoncé par deux *soli* de cors se répondant en
écho, est empreint d'une réelle poésie.

Les couplets de Fragoletto, ceux de Fiorella, le
duetto notarial, avec son *parlé* rythmé, le trio des
marmitons, le chœur de l'Ambassade sont à retenir —
et aussi les strophes des Espagnols où s'affirme cet
incontestable truisme :

> Y a des gens qui s'disent Espagnols
> Et qui n'sont pas Espagnols!

Enfin l'air — qui pourrait aussi s'appeler *Simple
aveu*) :

> Hélas! j'ai mangé la grenouille...

dont la mélodie exprime si tragiquement les souffrances
du sympathique batracien. Et n'oublions pas, dans la
plainte de l'amoureuse Fiorella, cette réflexion mélancolique : « Sait-on jamais pourquoi l'on aime? » par
où nous percevons que cette brigande, dont l'éducation
avait été très soignée, connaissait ce passage de La
Bruyère : « On n'est pas plus maître de toujours aimer
qu'on ne l'a été de ne pas aimer. »

Mais rien en vérité n'égale

> Le bruit de bottes, de bottes, de bottes, de bottes, de bottes

des légendaires carabiniers, déclamant sur le thème orchestral leur impayable profession de foi attestant qu' « au secours des particuliers » ils arrivent « toujours trop tard ! »

Certes, la littérature avait déjà fait ses preuves à propos de bottes. Sans parler de celles du *Petit Poucet*, que de témoignages en faveur de ces gaînes si utiles à nos pieds ! C'est Mézeray nous enseignant que « le roi Charles VII était si pauvre à son avènement au trône qu'un bottier ne voulut pas lui faire crédit d'une paire de bottes. » C'est l'*Encyclopediana* nous rappelant Don Carlos qui contraint son bottier à manger les bottes trop étroites confectionnées pour cet irritable prince. C'est Pierre Charron déclarant que « l'homme veut avoir toutes ses pièces bonnes et saines : son corps, sa teste, ses yeux, son jugement, sa mémoire, voir ses chausses et ses bottes. » J'en passe, et des meilleurs, y compris « les vieilles bottes » dévorées dans l'*Aymerillot* hugolien !

Et une mention spéciale doit être faite des *Maîtres chanteurs de Nuremberg*, où les chaussures réparées par le bottier Hans Sachs sont l'objet d'une notation musicale. Mais, proclamons-le hardiment, les carabiniers d'Offenbach les dépassent de toute la hauteur de leurs gigantesques chaussures, et ils eussent assurément mérité d'avoir pour colonel le fameux Gastibelza,

« l'homme à la carabine » qui, par la bouche de notre
Hugo, immortalisa cette arme romantique et portative.
Zulma Bouffar, Dupuis, Léonce et Baron contribuèrent
puissamment au succès de ces financiers de grand chemin, que saluèrent des rires à l'affût d'allusions fort
transparentes.

V

Et puis voici 1870... et la Guerre...

Offenbach, que son origine germanique plaçait dans une situation passablement délicate, s'était rendu en Italie d'où il écrivait des lettres attestant un énergique reniement de son pays natal et « des horribles gens, des horribles sauvages » qu'étaient ses ex-compatriotes menés par « Guillaume Krupp et son horrible Bismarck ». Très sincèrement il s'affirmait « Français jusqu'à la moelle des os. » Une lettre inédite de son épouse, datée de Saint-Sébastien, 10 mars 1871, corrobore cette affirmation : « ... Jacques », dit-elle, « est à Milan, en courses dans toute l'Italie; il reviendra dans une quinzaine de jours à Etretat, où je compte aller sous très peu. Il a été très vivement touché par cette affreuse guerre. Sa santé en a été sérieusement altérée, et depuis trois mois il n'a pas eu huit jours de bons. J'espère que la rentrée dans le milieu qu'il aime, et dont il a tant besoin, le remettra tout à fait[1]. — Herminie ».

[1] Nous devons la communication de cette lettre à l'obligeance de M. Charles Bouvet, bibliothécaire de l'Opéra.

La guerre est terminée, la Commune écrasée... et la fête recommence. Un nouveau collaborateur va s'unir à Offenbach : c'est Victorien Sardou, l'habile dramaturge, auteur applaudi de *Fernande* et de *La Famille Benoîton*, qui écrit pour le musicien un livret d'opérabouffe-féerie en trois actes, dix-huit tableaux. Le *Figaro* avait, dès 1869, annoncé que la Gaîté jouerait cet ouvrage le 15 octobre 1870. Il ne pouvait évidemment prévoir que le roi de Prusse et M. de Bismarck obligeraient la direction à reculer de deux ans et trois mois — exactement — le couronnement du *Roi Carotte*.

Le sujet en est emprunté à l'*Histoire héroïque du célèbre ministre Klein-Zach, surnommé Cinabre*, de Hoffmann, ce mystique parrain d'Offenbach, mais avec de multiples altérations qui faisaient de cette satire politique une œuvre personnelle[1]. Des trop nombreux morceaux de la partition l'on peut détacher la *Ronde des Colporteurs*, le *Chant des fourmis*, « étude d'après nature et imitation assez réussie », atteste Félix Clément — qui eût bien dû éclairer sa surprenante assertion — et le *Ballet des insectes*, où nous retrouvons le compositeur du *Signor Fagotto*. Zulma Bouffar et Judic étaient les reines de ce monarque ombellifère dont les aventures soulevèrent des discussions quasi belliqueuses entre partisans et adversaires du régime déchu.

---

[1] Théodore de Banville nous apprend que l'actrice Caroline « avait créé, aux Funambules, le rôle de la Reine des Carottes dans une pantomime de Champfleury qui, bien longtemps avant M. Sardou, avait pensé à mettre en scène le conte d'Hoffmann ».

En tout cas, si ces derniers avaient cru pouvoir applaudir l'opérette de Sardou, ils déchantèrent promptement lorsque, peu après, son *Rabagas* vint administrer au parlementarisme la plus cinglante volée de coups de trique.

Après un éclatant succès vint la défaite : *Fantasio*, représenté à l'Opéra-Comique trois jours après l'apparition du *Roi* prénommé, ne dressa qu'une image faible et confuse de la comédie d'Alfred de Musset, déjà remaniée par son frère. Il est vrai qu'on y introduisit la *Ballade à la lune*, dont le compositeur tira un assez heureux parti. En dépit de sa favorable incarnation en Galli-Marié, le pauvre bouffon dut se retirer après quinze représentations, en appliquant sans doute à sa fâcheuse adaptation musicale ces paroles de son texte : « La postérité s'en passera. »

Et voici que notre Jacques va devenir son propre librettiste, — à moins que, par une modestie trop légitime, le véritable auteur n'ait préféré rester dans l'ombre. *Le Corsaire noir* est représenté à Vienne en septembre 1872, en présence de nombreux délégués de la presse parisienne qui purent apprécier une parodie d'un air de *Zampa* et un orchestre d'amateurs qui naturellement jouaient faux. Quatre mois après, les Variétés montent une sorte de réplique des *Brigands*, intitulée *Les Braconniers*, et dont les librettistes, Chivot et Duru, s'étaient inspirés vraisemblablement de ce vers d'un personnage de Coppée :

Qui pourrais-je imiter pour être original ?

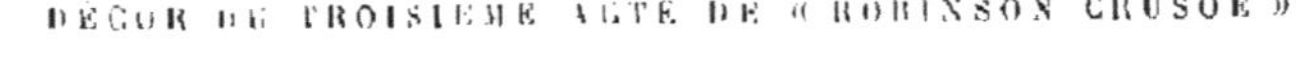

DÉCOR DU TROISIÈME ACTE DE « ROBINSON CRUSOE »

Mais attention ! Offenbach, devenu directeur de la Gaîté, y apporte ses longs espoirs et ses vastes pensées. Le drame et la musique vont se partager la scène rénovée et qu'inaugure le *Gascon* de Barrière et Davyl. Entre temps le théâtre de la Renaissance se pare d'un charmant petit acte — livret d'Halévy et Busnach — : *Pomme d'api*. La partition du maëstro contient, sans parler de l'ouverture, sept numéros dont chacun peut passer pour le meilleur : la romance de Gustave, les couplets de la bonne, le trio du gril, le duo d'amour, le trio de la table, une seconde romance dudit jouvenceau, le rondeau de Catherine forment un collier de perles authentiques. L'agréable Théo y débuta de gracieuse manière.

Notons au passage que le nouveau maître de la Gaîté s'annexe, et l'on doit l'en féliciter, la *Jeanne d'Arc* de Barbier, musique de Gounod, et aussi sa propre nouveauté, *La Jolie Parfumeuse*, sur un texte de Crémieux et Blum, où brillent Théo et la malicieuse Grivot, et qui s'agrémente d'un pastiche rappelant le xviiie siècle, d'une ronde enlevante et d'une lettre comique.

Puis *Orphée* revient au jour de la rampe, revu, corrigé et considérablement augmenté : cent vingt choristes, cent instrumentistes, soixante-huit danseurs, de merveilleux décors, notamment un Olympe muni d'escaliers géants et de colonnes marmoréennes, en un mot tout le confort moderne. Sans compter que, selon le vers de Voltaire,

> Tout l'Olympe est rempli de héros amoureux,

divins voyageurs qui y arrivent en omnibus — d'abord
pour rendre hommage au progrès, et ensuite pour con-
firmer l'*Omnibus precibus petere* de Jules César,
tandis que montent vers eux les prières des mortels.

Au-dessous voici maintenant l'Enfer, avec la perfection du chauffage central. Malheureusement, et peut-
être parce que le nouveau régime redoutait l'inamovibi-
lité de la magistrature, le président Minos et ses deux
assesseurs, les conseillers Éaque et Rhadamante,
avaient été révoqués. En manière de compensation l'on
était honoré de la présence du conseil municipal de
Thèbes, aussi magnifique et moins coûteux que celui
de Paris. Bref, *Orphée* se voyait enrichi de deux actes et
huit tableaux. Mmes Cico et Matz-Ferrare, puis Christian,
Alexandre et Grivot contribuèrent au triomphe de cette
résurrection, dont la « centième » compléta un total de
recettes se montant à un million cent quatre-vingt mille
francs. Quoi qu'en dise *Robert-le-diable*, l'or n'est pas
une chimère, et Méphistophélès affirme avec raison que
« le Veau d'or est toujours debout ! »

Disons-le bien vite, Offenbach ne fut jamais l'adora-
teur de cette ruminante idole, et il associa ses collaborateurs de la scène et de l'orchestre aux bénéfices direc-
toriaux. En outre, il organisa des matinées bien com-
posées, dont la première offrit *Le Barbier de Séville* —
sans Rossini — et les spirituels *Rendez-vous bourgeois*.
De plus il monta luxueusement *La Haine*, un des meilleurs drames de Sardou, qui se heurta à l'incompréhen-
sion du public. Il fallut accepter le naufrage et quitter

honnêtement, sans faire tort à la troupe fidèle, une direction périlleuse.

Pendant sa durée, toutefois, Offenbach n'avait pas cessé de travailler pour d'autres salles. A Londres il donne *Wittington et son chat*, sujet d'un conte cher à tout cœur anglais, métamorphosé vingt ans plus tard en *Chat du diable* pour le théâtre du Châtelet. Aux Bouffes c'est *Madame l'Archiduc*, — livret de Milhaud et Halévy — où resplendirent Judic et Grivot, et que recommandent la chanson du *P'tit bonhomme*, un alerte sextuor et une marche de dragons qui eût pu également servir aux fameux carabiniers. Au même théâtre parut *Bagatelle*, acte aimable où l'on entend le clarinettiste Pistache comparer poétiquement le cœur de sa bien-aimée au *fa* aigu de son instrument, et où ladite élue chante un sentimental *Rondo de l'amitié* précédé d'un rappel de la phrase célèbre par laquelle débute la Marguerite de Gounod : « Je voudrais bien savoir... » L'on me reprocherait d'oublier le *duo de la Pincette* et les couplets piquants du *P'tit Mathurin*.

Les Hannetons, amusante revue de Milhaud et Grangé, rappelant, au printemps de 1875, les faits d'hiver de l'an passé — y compris *La Fille de Roland* ... et d'Henri de Bornier — eussent dû, comme le *Corsaire* nommé antérieurement, être joués à Vienne, puisque la *Satire Ménippée* nous informe que « les gens de la maison d'Autriche se tiennent comme des hanne-tons »; mais on craignit peut-être des complications diplomatiques, et ce furent les habitués des Bouffes qui y applaudirent des couplets empruntés aux ouvrages précédents du *maestrino*.

Un nouveau dictateur — Vizentini — vient régir la Gaîté où il appelle son prédécesseur, lequel, tout malade qu'il soit, continue héroïquement son labeur. Pour se rendre de son domicile aux différents théâtres qui l'invitent, il utilise sa voiture accommodée en cabinet de travail. « Prenez un fiacre et roulez de porte en porte, » conseillait Jean-Jacques Rousseau, « c'est ainsi qu'on acquiert la célébrité. » Il s'agissait seulement ici de la conserver, sinon de l'accroître. Et cependant elle s'accrut avec *La Boulangère a des écus* (livret de Meilhac et Halévy), jouée aux Variétés en octobre 1875. Mⁱˡᵉ Aimée en incarna le principal rôle, entourée de Paola-Marié, de Dupuis, Pradeau, Léonce, Baron, Berthelier, — toute la lyre ! Une *Chanson suisse*, une autre : *L'Amour, c'est un capital*, les couplets du *Coco* et l'air populaire qui avait prêté ses premiers mots pour servir de titre à la pièce, soulinrent allègrement la renommée du musicien. Et, en présence des *bis* accueillant cette chanson familière, un journaliste en vogue, Armand Gouzien, conçut une légitime fierté d'avoir perpétré ce flamboyant calembour : « « On le voit, cette boulangère ne vend pas seulement du pain blanc, mais aussi du pain *bis !* »

Deux semaines s'écoulent, et aux Bouffes apparaît *La Créole* (livret de Meilhac et Millhaud). C'est un opéra-comique, cette fois, et Judic y figure la belle Dora.

A part un duo de notaires, une romance sur les

Feuilles mortes, et une charmante Berceuse, la musique ne plut guère aux auditeurs. Et pourtant les auteurs n'avaient point ménagé les classiques redites : *Je l'aim'*, *l'aim'*, *l'aim'* ; *Qui ? Qui ? Qui ? Coco ! Coco !* — O public ingrat et volage, qui ? qui ? qui ? pourra jamais sonder tes désirs et satisfaire à tes caprices ?

Trois semaines défilent à leur tour, puis la Gaîté convie à un *Voyage dans la lune* décrit par Leterrier, Vanloo et Mortier. Décors merveilleux, notamment un volcan dû au magicien Chéret ; mise en scène digne du Grand Lunaire de Wells, et au milieu de la garniture musicale de ces quatre actes et vingt-trois tableaux, une romance (non pas une ballade à l'astre des nuits, un chœur d'astronomes et un boniment digne d'être adopté par tous les candidats à la députation. Et toujours l'élite des acteurs : Zulma Bouffar, Christian, Léonce, Grivot, tous aussi lunatiques que les applaudisseurs enthousiasmés.

Une valse en un acte : *Tarte à la crème* (rien de *l'École des femmes*) fut par Offenbach signée d'un pseudonyme. Et maintenant il nous faut, embarqués avec lui sur le *Canada*, accomplir une tournée en Amérique.

VI

Dans ses *Notes d'un musicien en voyage*, le roi de l'opérette a retracé, en un langage simple et bon enfant, ses impressions diverses. En les parcourant, nous aurons lieu, çà et là, à des retours vers le passé, ce à quoi nous aidera la lettre-préface-biographie adressée, en tête du volume, par Albert Wolff à Mme Herminie Offenbach.

Ce « virtuose de l'article de Paris » — ainsi l'avait-on surnommé — débute par un hommage mérité aux « deux parties bien distinctes de l'œuvre si considérable du mari de la meilleure des femmes : L'une est comme un écho du bruit parisien, du tumulte des boulevards, des soupers d'artistes où la gaîté française s'épanouit quand le champagne a mis les cerveaux en belle humeur. La seconde partie ne ressemble en rien à la première, et elle vous appartient de droit, car c'est vous, Madame, qui avez conservé à cet artiste parisien par excellence le foyer heureux et entouré où son cœur a pu s'épanouir à l'aise au milieu du charme, de la joie et de l'émotion de la famille, et où très certainement il a trouvé la note tendre et fine de son répertoire qui, à mon humble avis, est la plus pure de son talent. C'est pourquoi je songe à votre mari quand les fanfares de la gaîté éclatent dans son œuvre, et que je pense à vous, Madame, quand soudain, à travers les grelots de la folie, se glissent ces mélodies émues qui plaisent à la fois aux délicats et à la foule. » Tout ceci est très juste. Assurément l'on y pourrait souhaiter des phrases un peu moins allongées ; mais elles durent plaire aux lecteurs habituels du *Figaro*, reconnaissants d'ailleurs à l'écrivain de n'avoir oublié ni « la gaîté française » ni « les grelots de la folie », si agréablement obligatoires. Notre chroniqueur ne sera pas moins bien inspiré lorsqu'il parlera, un peu plus loin, de la maisonnette natale, et du « violoncelle qui a fait les premiers succès de Jacques ». Il nous le montre, regardant « le modeste portrait de son père au-dessus du piano... C'est en ces heures de recueillement que reviennent dans sa pensée les vieilles chansons de sa jeunesse, et qu'il jette sur le papier ces mélodies douces et sereines qui, tout à coup, au grand étonnement du public, surgissent dans son œuvre et produisent l'effet imprévu d'une jeune fille chaste et pure, qui, dans la simplicité rayonnante de sa beauté, apparaîtrait dans un bal masqué où toutes les folies sont déchaînées.

« Et c'est précisément cette apparition de ce que j'appellerai « la muse intime de votre mari », reprend-il, « qui élève son œuvre bien au-dessus de la partie bruyante que, par antithèse, on peut appeler la muse

PORTRAIT D'OFFENBACH

des boulevards... c'est la note tendre qui plaît à tous, parce qu'elle vient du cœur et va droit à l'âme ». Et il eût pu aussi évoquer l'impression produite sur celle d'Offenbach enfant par la vision pré-wagnérienne des Filles du Rhin.

Le biographe nous dépeint avec une cordiale bonhomie, parfois légèrement mélancolique, l'enfance de son ami, l'habitation de la rue de la Cloche à Cologne, les parents, le professeur de violoncelle à vingt-cinq sous le cachet, la vie familiale si sincèrement affectueuse. Puis il suit le jeune homme à Paris et nous montre l'évolution graduelle de son œuvre, vraiment personnelle, car « l'art de Jacques ne ressemble qu'à l'art de Jacques... Sa musique a *le diable au corps*, comme notre siècle affairé qui marche à toute vapeur... C'est de la vraie musique du XIXe siècle, la musique des trains express et de bateaux à hélice, en un mot du mouvement diabolique de notre temps ».

Mais poursuivons : « Dans tous les pays, la musique de Jacques Offenbach est également célèbre. » Et si ses *Impressions d'Amérique* n'enrichissent pas « d'un monument glorieux la littérature française, du moins y reconnaîtra-t-on l'honnête homme,... son esprit et sa distinction ». Ecoutons, au surplus, le musicien disant à sa femme : « C'est toi qui as voulu que je fasse un livre avec des lettres écrites au hasard de mon cœur et des notes éparses... Je te prie de me permettre de te dédier ce volume, non pour ce qu'il est ou pour ce qu'il vaut, mais parce que j'aime à écrire partout

mon estime et mon affection pour toi. — Jacques Offenbach. »

Feuilletons-le, ce journal, en en résumant le con-
tenu : Un envoyé de la République Nord-Américaine
est venu solliciter la visite du maître au nom de l'Exposition de Chicago. La proposition est acceptée sans
enthousiasme par un homme raisonnable qui juge ne pouvoir la décliner, mais espère néanmoins qu'on oubliera
de la lui rappeler. Il n'en est rien, et le départ a lieu le
21 avril 1876. New-York ouvre tout grands ses bras de
mer et crie joyeusement : *Welcome Offenbach !* On lui
porte des *toasts* auxquels il répond fort courtoisement :
« Je porte un *toast* aux États-Unis, mais non pas aux
États-Unis tout sec : je porte un *toast* aux États-Unis
d'Europe ! » — Là-dessus : *Hip ! Hip ! Hurrah !!!...*

Je passe sur les amusantes descriptions d'hôtels, avec
leurs parures de boutons électriques et d'appareils télé-
graphiques de si loin distancés à présent. De même pour
celles des *cars* et omnibus. Dans les théâtres on donne
Norma, *L'Étoile du Nord*[1], *La Dame aux Camélias*, *Rose
Michel*, et aussi *The mighty Dollar*, qui symbolise si
pleinement l'état d'âme de la grande République[2]. On

---

[1] « Malheureusement », déplore Offenbach, « l'opéra de Meyerbeer,
n'ayant pas été suffisamment répété, manquait absolument d'ensemble... Les chœurs et l'orchestre couraient les uns après les autres.
Course inutile ; ils n'ont jamais pu se rejoindre. On croyait assister à
une œuvre médiocre de Wagner. » Oui : mais laquelle ? Il est regrettable que le *maestrino* n'ait pas jugé à propos de nous le révéler.

[2] L'un de ses meilleurs écrivains, Washington Irving l'a dit nettement
en son *Creole Village* : « Le tout-puissant Dollar, ce grand objet de la
dévotion universelle dans notre pays. » On en recevra un peu plus loin
de nombreux témoignages.

a essayé d'adopter la méthode wagnérienne de l'orchestre dissimulé, mais sans pouvoir la maintenir. Outre que « l'acoustique était très mauvaise », les musiciens, qu'incommodait la chaleur, se dévêtirent graduellement, jusqu'au point de se trouver, à la fin d'une huitaine,

> . . . . dans le simple appareil
> D'une laideur qu'on vient d'arracher au sommeil.

Pour comble d'inconvenance, ils fumaient beaucoup, ce qui eût pu à la rigueur convenir à la mise en scène du dernier acte de la *Walkyrie* ; mais malheureusement on ne la représentait pas.

Les directeurs de théâtres sont fort intéressants par leurs audaces et leurs manœuvres variées : l'un d'eux qui, en fin de carrière, fut assassiné, mais par un ami (bel exemple de ce que l'Amphitryon de Molière appelle « une tuante amitié », joignait à ses fonctions directoriales celles de vice-président d'une compagnie de chemins de fer, de commodore d'une ligne de steamers et de colonel d'un régiment. C'est assez dire ses titres à la direction d'un Opéra ; mais on regrette pour l'art qu'il n'y ait pas joint celui de parfumeur, qui en eût si poétiquement complété la liste.

Le chapitre consacré à « l'Art en Amérique » doit solliciter notre particulière attention. La grande République « a triomphé de la matière, mais elle a négligé de s'occuper de tout ce qui pouvait charmer l'esprit. Elle est comme un géant de cent coudées, qui aurait atteint la perfection physique, mais auquel il manquerait une chose : l'âme. » Incontestablement ce détail a son importance, car cette « chose » absente n'est autre que « l'art, expression de la pensée dans ce qu'elle a de plus élevé ». Mais pour qu'un peuple en soit pourvu, il lui faut ce que nous avons : « des conseils municipaux ». Les villes américaines sont dépourvues de ces sources d'inspiration, et voilà pourquoi leur lyre est muette. Mais ne pourrions-nous leur faire un libre don de notre excédant? C'est une question à examiner; toutefois, en attendant qu'elle soit « solutionnée », — comme on dit dans l'idiome parlementaire et municipal, nous devons tenir pour avéré que Byron, quand il évoquait, en son *Childe Harold*, « le dôme de la Pensée, le Palais de l'âme », ne songeait nullement aux États-Unis. Mais si les théâtres, les musées, les académies laissent beaucoup à désirer, il n'en est heureusement pas ainsi des restaurants. « A New-York, on mange très bien chez Brunswick, qui est Français » ce que son nom suffisait à nous indiquer); on y trouve même des repas gratuits où les convives, dédaigneux des couteaux et des fourchettes, puisent à pleines mains dans les saladiers.

De plus, certains garçons se montrent épris de musique. L'un d'eux esquisse des roulades, puis de grands airs, suivis de sombres motifs alternant avec les plus vives mélodies. Étonnement d'Offenbach qui l'interroge et reçoit cette explication : « Ah! voilà, Monsieur; j'aime la musique et je m'en sers pour

exprimer mes impressions. *Quand un plat me déplaît,
je siffle des airs tristes ; quand un plat me convient, je
siffle des airs gais.* » (C'est moi qui souligne ces deux
phrases, tressées inconsciemment, par le garçon, en
alexandrins classiques.) Et précisément, pour fêter un
plat « qu'il adore » — une bombe glacée — il a sifflé
un air de *la Grande-Duchesse* : « Un air de Monsieur,
c'est si amusant ! » Mais Monsieur répond, comme
feraient généralement ses confrères : « Je n'aime pas
beaucoup entendre siffler ma musique. » Et le mélo-
mane *waiter*, triste exilé sur la terre natale, sera doré-
navant écarté de la table du Maître. Chemin faisant,
celui-ci nous apporte de nouveaux témoignages du
culte rendu au divin Dollar, desquels nous détachons
celui-ci : « Un Américain bien connu à New-York » et
qui se promène avec notre pèlerin, « se croise à chaque
pas avec quelqu'un de ses amis. Je remarquai qu'il
saluait certaines personnes très bas, tandis que devant
certaines autres il touchait à peine le rebord de son
chapeau. » Je lui en demandai l'explication. Il me
répondit avec le plus grand sérieux : — « Ce musicien
que je viens de saluer si respectueusement est un
homme très posé dans la société new-yorkaise ; il vaut
un million de dollars. Cet autre qui passe maintenant
n'en vaut que cent mille. Aussi est-il moins bien vu
que le précédent. Je le salue avec moins de respect ».

Viennent ensuite d'amusantes considérations sur « la
liberté » et « les libertés » ; sur les sociétés et les cor-
porations ; sur les décorations que les Américains se

décernent à eux-mêmes, le gouvernement ne s'en
mêlant point[1], et sur les promenades des diverses asso-
ciations. L'une d'elles s'offrait le luxe d' « une dou-
zaine de musiciens qui tracassaient des pistons et des
trombones et qui marchaient à la queue sur deux rangs
très espacés. Le chef d'orchestre s'était placé au milieu
et jouait de la clarinette. Derrière lui venaient le
triangle, le tambour et la grosse caisse. Jugez quelle
harmonie étrange l'accouplement de ces quinze musiciens devait produire ! Ce qui me réjouit le plus, ce fut
de voir la grosse caisse, qui frappait à tour de bras son
instrument, s'appliquer à le maintenir dans une position horizontale, afin que chacun pût bien voir l'annonce d'un pharmacien qui s'épanouissait en belles
lettres noires sur la peau d'âne. »

Ladite peau musico-pharmaceutique amène le voyageur à nous entretenir de la réclame telle que la prati-
quent si bien les États-Unis. Ceci fait, nous le suivons
aux *steeple-chases*, puis au domaine de la Presse, ce qui
nous vaut quelques portraits assez peu comparables à
ceux de La Bruyère. N'en retenons qu'une silhouette
d'*impresario*, celle de Maurice Grau, « qui déjà a gagné
et perdu cinq ou six fortunes. Millionnaire un jour, il
est sans argent le lendemain. Il dirige souvent jusqu'à
cinq théâtres à la fois : un opéra italien à New-York,
un théâtre français à Chicago, une salle d'opérette à

[1] « Comme le gouvernement n'a encore institué aucun ordre, les
Américains remédient à cette lacune en se décorant eux-mêmes. On
m'a cité des régiments qui, pendant la guerre de la Sécession, avaient
créé des décorations qu'ils se sont mutuellement décernées. »

San Francisco, un théâtre anglais de drame à la Havane et un opéra-comique espagnol au Mexique. »

Contemplons aussi le chef d'orchestre Thomas, « Prononcez *Thomasse* ». Certes, il n'apparaît pas sans défauts : violoniste médiocre, il est en outre propagateur des ouvrages de Wagner... ! « Il conduit mollement », et quand il veut faire preuve « d'un peu d'énergie, il conduit avec les deux bras à la fois, ce qui, par derrière, le fait ressembler à un gros oiseau qui veut prendre son vol ».

D'ailleurs, Thomas ne manque point de qualités : « Il affectionne d'une manière toute spéciale la musique de notre excellent ami Ambroise Thomas ». Une composition de l'auteur de *Mignon* figure presque toujours sur ses programmes, et la plupart du temps, la paternité en est attribuée par l'auditoire à l'astucieux *capell-meister* (qui sans doute n'en est pas autrement fâché).

Énumérons rapidement un autre manieur de baguette, un facteur de pianos, un jeune harpiste de seize ans, dont les cartes de visite n'énumèrent pas moins d'une trentaine de titres, sans compter les décorations ; un certain Mora (rien du fameux duc) placé « à la tête d'une photographie qui est un monument superbe » (?), un sénateur que ses talents de boxeur ont mené jusqu'à la noble assemblée, et dont le nez écrasé proclame les exploits, ainsi que faisaient les rides sur le front du père de l'Intimé. Plût au ciel que tous les sénateurs eussent de tels droits à leur chaise curule ! — Puis l'album se referme ; en route pour Philadelphie !

AUTOGRAPHE D'OFFENBACH : *La chanson de ceux qui n'aiment plus.*
(Bibliothèque de l'Opéra).

Dès son entrée dans la ville qui vénère la mémoire de William Penn, notre voyageur y est accueilli par « une musique, pas absolument harmonieuse », mais qui joue *Orphée aux enfers*, prélude d'heureux augure pour les concerts qu'il est appelé à diriger. Ceux-ci auront lieu dans un jardin couvert qui sera dénommé *Offenbach-Garden*. Le propriétaire de cet Eden lui soumet le programme d'une séance de musique *religieuse* dont voici l'énoncé :

GRAND SACRED CONCERT

BY M. OFFENBACH AND THE GRAND ORCHESTRA

IN A CHOICE SELECTION OF SACRED AND CLASSICAL MUSIC

Effectivement, quelques morceaux religieux, parmi lesquels l'*Angelus* du *Mariage aux lanternes*, y figurent. Mais il est malaisé de considérer comme tels la *Prière* (!) de *la Grande-Duchesse* : « Dites-lui qu'on l'a remarqué... distingué... » et la *Litanie* !! de *la Belle Hélène* : « Dis-moi, Vénus, quel plaisir trouves-tu à faire ainsi *cascader* (*bis*) la vertu ? » Heureusement, une compensation est offerte par l'avant-dernier numéro : *Danse séraphique*, avec le sous-titre de *polka burlesque*. Il est affligeant de penser que de si belles promesses ne purent être réalisées, l'autorisation de célébrer « religieusement » le dimanche ayant été retirée *in extremis !*

Hâtons-nous ! Le *Pullmann-car* nous emporte, et à peine pouvons-nous savourer au passage le *solo* de tam-tam exécuté par un grand nègre qui y fait vibrer blanches et noires « avec une surprenante variété, sinon de nuances, du moins d'intentions ». Jetons un regard effrayé sur le Niagara, au sujet duquel Offenbach s'étonne que les Américains amateurs de suicide ne le préfèrent pas « au revolver insipide ».

Un chapitre voué aux *sleeping-cars* fait reparaître, si peu Wagnérien que soit notre Jacques, le *leit-motiv* des Carabiniers : Il entend, dans les compartiments voisins du siens, « des bruits de bottes qui tombent... » Mais ce touchant souvenir va céder la place aux « supplices d'un musicien ». En une ville qu'il est assez généreux pour ne point désigner, on lui demande de faire répéter *la Belle Parfumeuse* (qui à Paris n'était que *jolie*, flatteuse attention pour l'Amérique !) Hélas ! il constate, dès les premières mesures, que sa partition a été réorchestrée par un musicien du cru. D'abord résolu à s'enfuir, il cède aux instances de Mlle Aimée, titulaire du rôle de ladite belle, et reprend son sceptre. Re-Hélas ! sur ses vingt-cinq instrumentistes, la plupart ne valent pas grand'chose, et tout va de mal en pis, ce qui n'empêche nullement — bien au contraire — la première représentation d'obtenir « un succès d'enthousiasme ». Un seul exemple suffira pour donner une idée de l'ensemble : A un certain moment, le basson attaque cinq tons plus haut, docilement suivi par la chanteuse, tandis que le reste demeure fidèle à la tonalité. Mais le chef, génialement inspiré, fait signe au tambour d'entamer un formidable roulement qui noie sans merci toutes les discordances.

La citation d'un article du *Figaro* nous fait lier connaissance avec les incomparables pompiers de New-York. Son correspondant, M. Butie-Marriott, nous compte leurs exploits. De plus il nous présente une affolante esquisse du monde des « affaires ». — « Sur cent mots entendus, le mot *dollar* revient soixante-quinze fois. Voilà le dieu, le vrai, peut-être le seul, l'ancien veau d'or, adulé, encensé, et comment ! Entre les répétitions du mot magique se glisse, de temps à autre, le nom d'Offenbach : « C'est un grand musicien », assure un Yankee, « on lui donne mille dollars par « soirée, rien que pour conduire l'orchestre. » Et le journaliste ajoute : « Tout est là pour cet homme-argent. Aussi, avec quel respect admiratif et quel tremblement dans la voix dit-il ces mots : « On lui « donne mille dollars ! » Pour lui, Américain, ce n'est pas le brio de cette musique étincelante et brillante qui l'enlève, qui le fera applaudir, bisser : c'est ce chiffre de mille dollars. C'est sa cote, et elle grandit dans son esprit la personnalité du maître. Et comment n'en serait-il pas ainsi ? Enfant, c'est le premier mot qu'il a entendu ; jeune homme, ç'a été son premier amour ; homme, ce sera sa seule et unique passion... »

Nous voici parvenus aux fêtes terminales. Avant de quitter New-York, le maëstro voulut offrir un banquet d'adieu à son orchestre, lequel lui fit présent d'« un bâton de chef. — que dis-je ! un bâton de maréchal », en gutta-percha imitant l'ébène et orné d'une agate, d'une améthyste et d'incrustations en or — avec accompagnement d'un discours légitimement très élo-

gieux. Le *Courrier des États-Unis*, rendant compte de
cette solennité, constate que « peu d'artistes européens
auront été aussi fêtés à New-York que l'auteur de *la
Grande-Duchesse*. Il faut dire aussi que Jacques Offenbach a sans doute reçu des fées le don précieux de
plaire à tous. On peut discuter le compositeur, il n'est
personne qui n'éprouve la plus vive sympathie pour
l'homme. Sa cordialité, sa modestie, son esprit brillant
qui, quoique toujours prêt à la riposte, ne s'écarte
jamais des lois de la plus stricte courtoisie, son affabi-
lité sans pose, lui conquièrent toutes les amitiés. Il a
reçu ici tous les hommages ; on l'a entouré d'adula-
tions, fêté, sérénadé, choyé sous toutes les formes ».
Suit un éloge du *speech* prononcé par le maître, « le
plus attrayant, le plus humoristique, et en même temps
le plus ému de tous les *speeches* passés, présents et à
venir ». — ce qui est bien décourageant pour les futurs
speech-makers. On y répond par six autres *speeches*,
« applaudis avec une véritable *furia* Offenbachique, tandis que l'amphitryon, impassible

> Comme un dieu de l'Olympe assis sur son nuage[1],

tient tête à tout ». selon l'harmonieuse expression du rédacteur, renchérissant sur son précédent « quiquoique ».

Le lendemain. concert d'adieu au Gilmore-Garden, et
remise à Offenbach d'un brevet l'affiliant à l'*Association
des musiciens de New-York*.

---

[1] Je crois devoir mettre en lumière cet alexandrin classique,
inconsciemment serti dans la prose rocailleuse du courriériste.

VII

LE ETOUR EN FRANCE. LES CONTES D'HOFFMANN.
LE DÉNOUEMENT. CONCLUSIONS

Enfin, le 8 juillet, notre héros s'embarqua pour le retour en France... Après une heureuse traversée agrémentée par la société de deux docteurs atteints du mal de mer, mais, « quoique républicains, sachant vivre », il retrouve sa femme et ses enfants qui l'attendaient avec une fiévreuse impatience :

> Voilà nos gens rejoints, et je laisse à juger
> De combien de plaisirs ils payèrent leurs peines !

Ici se place un tableau, que l'on sent très sincère, de ces joies de la réunion. Oui, nous pouvons affirmer que la vie familiale était fort affectueusement unie chez les Offenbach.

« Je redevins moi-même en France », conclut-il. Il s'y était préparé, à bord du paquebot, en retapant une certaine *Boîte au lait* qui, de vaudeville, s'était métamorphosée en opérette, avec la collaboration de l'auteur des vers précités, lequel avait obligeamment prêté sa Perrette, dont le pot, pour plus de solidité sans doute, devenait boîte. Ces quatre actes obtinrent une vogue passagère. Joignons-y un petit acte : *Pierrette et Jacquot*, avec une *Chanson savoyarde* et un amusant *quatuor du souper*. Mais la *Science* (n'oublions pas la majuscule !) était là, qui guettait Offenbach : *Le Tour du monde*, de notre sérieux et charmant Jules Verne, connaissait l'enivrement du succès. Son *Docteur Ox* inspira à Philippe Gille et à Mortier un livret d'opéra-bouffe. La légende de la *Guzla*, une gracieuse sérénade et une *Marche Bohémienne* en formaient les principaux attraits, et Judic, assistée de Dupuis, en conduisait l'intrigue. J'oubliais de noter que l'esprit de cette bouffonnerie éclatait principalement dans le jeu de mots composé par l'union du docteur Ox à son préparateur Ygène. — Nous sommes arrivés à janvier 1877. Le mois suivant voit s'ouvrir *La Foire Saint-Laurent* (livret de Crémieux et Saint-Albin); Mars nous introduit auprès de *Maître Peronilla* livret de X***, c'est-à-dire d'Offenbach, ce qui prouve une fois de plus que l'on est quelquefois très mal servi par soi-même). Peu de choses à dire du premier de ces ouvrages; le second renferme plusieurs romances de jolie facture, et une *Magualena* appelée à grandir, en sa qualité d'Espagnole. Mmes Peschard et Paola-Marié, accompagnées de Jolly et de Daubray, ne purent le préserver d'une chute méritée.

Il fallait donc poursuivre une éclatante revanche. On crut la tenir avec *Madame Favart* (livret de Chivot et Duru), représentée en décembre 1878. La délicieuse épouse de l'auteur des *Trois Sultanes* inspira au musi-

cien l'une de ses plus agréables partitions : une ronde
égrillarde, une chanson de *l'Échaudé* y furent particulièrement applaudies : « Les ouvrages de ces messieurs
les beaux esprits », disait l'abbé de Voisenon, « ressem-
blent aux échaudés dont le dedans est vide. » Et c'est
précisément ce que redit cette chanson :

> Mettez-les dans la balance :
> C'est léger, léger, léger, etc...

Une fois de plus, le sémillant auteur des *Mariages
assortis* en avait contracté un avec la muse du spirituel
Favart. Hélas ! le mérite de la pièce, si bien défen-
due par Mme Simon-Girard et par Lepers, ne put lui
obtenir mieux qu'un insuccès d'estime !

La Marocaine, jouée en janvier 1879, fut encore
moins fortunée, en dépit des attraits d'une couleur
vaguement locale. Mais un triomphe s'apprêtait pour la
fin de l'année : *La Fille du Tambour-major* — la centième partition d'Offenbach qui l'écrivit au milieu des
tortures causées par une goutte inexorable — s'avança,
auréolée de gloire, le 13 décembre. Félix Clément
déclara avec une aigre douceur que « le sujet de la
pièce diffère peu de celui du charmant opéra-comique :
La Fille du Régiment, si on le regarde à travers une
lorgnette dont on aurait sali les verres ». Cet arrêt n'est
pas complètement injustifié. En tout cas, reconnaissons
que le titre était alléchant pour des cœurs français ; le
tambour-major fut toujours populaire : Picard, Balzac,
Charles de Bernard, Béranger, Victor Hugo, l'ont célébré.

Le succès fut colossal. Le sentiment, la grivoiserie, et aussi l'élan patriotique, notamment symbolisé par un rappel du génial *Chant du départ*, se colisèrent pour l'affirmer. La *centième* eut lieu le 7 mars 1880, et la *cent unième* fut généreusement offerte à la garnison de Paris, dont il est aisé de se figurer l'enthousiasme!

Malheureusement, tandis que s'égrenaient ces soirées triomphales, le triomphateur se sentait terrassé par le mal qui bientôt le devait emporter. Néanmoins il réunissait courageusement le peu de forces dont il disposait encore, pour composer une dernière œuvre qui lui tenait au cœur et dans laquelle il envisageait le couronnement de sa carrière artistique. Peut-être aussi y sentait-il se dessiner une réponse à l'appel du mystérieux *Gemüth* ancestral, plus ample et plus profonde que n'en avaient été, de temps à autre, les sentimentales esquisses.

Il travaillait, en conséquence, avec une intense et fébrile activité, à ses *Contes d'Hoffmann* — sur un livret de Jules Barbier, — ce qui ne l'empêchait pas de crayonner une aimable, et par endroits séduisante *Belle Lurette* que l'on joua après sa mort et qu'avait achevée Léo Delibes. Bien qu'il ne se fît aucune illusion sur la proximité de l'échéance fatale, il ne laissait point de tracer sur le papier les thèmes conçus par son inspiration; il put même entendre, du foyer de la salle Favart où l'on parvenait à le transporter, des fragments de l'œuvre nouvelle. Mais l'heure inéluctable avait sonné. Dans la journée du 3 octobre, tandis qu'il écrivait encore, entouré de ses proches, il s'évanouit soudain... Momentanément ranimé par les soins médicaux, il murmura : « Je crois que cette nuit ce sera la fin... » Les *Contes d'Hoffmann* hantèrent son agonie. Un prêtre fut appelé, qui recueillit ses ultimes pensées, et à trois heures du matin le musicien expira...

Le 7 octobre, ses funérailles furent célébrées en cette église de la Madeleine où l'avaient été celles de Chopin, où devaient l'être celles de Saint-Saëns et de Gabriel Fauré. Inutile de décrire la cérémonie et d'énumérer les célébrités officielles qui y assistèrent. Les voix de Faure, de Talazac et de Taskin s'y firent entendre, et — touchante pensée — la *Chanson de Fortunio* s'y exhala du grand orgue...

Le cortège funèbre passa, en se rendant au cimetière Montmartre, devant les théâtres des Bouffes, de l'Opéra-Comique et des Variétés. La pluie tombait, éclaircissant peu à peu les rangs. Hortense Schneider, qui marchait derrière la famille, tint jusqu'au bout compagnie à la dépouille de son maître. Devant la fosse béante, Victorien Sardou, maîtrisé par une invincible émotion, dut renoncer à prendre la parole[1]. Auguste Maquet

---

[1] On a dit que le discours prononcé par ce dramaturge lorsqu'il vint prendre séance à l'Académie française, avait été mis en musique par Offenbach. On n'a malheureusement pu retrouver cette partition. C'est dommage, car on eût certainement goûté la notation de ce pompeux exorde : « Messieurs, je ne connais pas, a dit Sénèque, de plus beau spectacle que la vue de l'honnête homme luttant contre l'adversité. Il y a mieux pourtant, c'est le cas de l'homme de bien secourant l'infortune... » Qui sait si le souvenir n'en revint pas à Sardou lorsqu'il dut renoncer à prendre la parole devant la tombe de son ami ?

loua l'infatigable courage du lutteur enfin abattu ; et Victorin Joncières évoqua « l'ami sûr et dévoué, plein de cœur et d'élan, l'homme d'une honorabilité inattaquable », jugement que ratifièrent tous ceux qui l'avaient connu.

Le *Figaro* tint à honneur d'organiser, pour célébrer la mémoire du musicien disparu, un concert grandiose qui eut lieu le 18 novembre, et dont le programme comportait, outre *le Violoneux*, confié à Maurel, Capoul et Jeanne Granier, diverses scènes chantées et jouées par les principaux interprètes d'Offenbach, entre autres Mmes Schneider, Ugalde, Théo, Judic, Peschard, Angèle, Zulma Bouffar, Isaac, Galli-Marié, Van Zandt, — et leurs camarades Daubray, Grivot, Brasseur, Scipion, Dupuis, Christian, Dailly, Léonce[1], sans oublier le couple Simon-Max. Ce fut ensuite l'inauguration d'un buste du maître, œuvre remarquable du sculpteur Franceschi, et devant lequel Delaunay, l'éternel jeune premier de la Comédie-Française, déclama des stances émues dues à Henri Meilhac. Un mois plus tard, Hortense Schneider, au cours d'une revue jouée au théâtre des Nouveautés, rendit, avec une phrase de *la Périchole*, un sincère et suprême hommage au compositeur dont elle s'était montrée la plus originale et la plus ensorcelante interprète[2].

[1] Ce surprenant pince-sans-rire trouva, en apprenant le décès d'Offenbach, un mot étrangement macabre : comme le concierge auprès de qui il était venu s'informer de l'état du malade lui répondait : « M. Offenbach est mort doucement, sans s'en apercevoir. » — Ah ! fit gravement Léonce, il sera bien étonné quand il s'en apercevra ! »

[2] Depuis lors elle renonça à la scène. Elle vécut dans la retraite et mourut en mai 1920, âgée de quatre-vingt-dix ans. Ses obsèques furent

Offenbach avait terminé ses *Contes* — sauf quant à l'instrumentation, seulement indiquée par des annotations ; la tâche délicate d'en accomplir la réalisation fut confiée à Ernest Guiraud qui s'en acquitta avec le soin et le talent requis. Le livret n'en était pas des plus clairs[1] : il mettait en scène les amours successives de « Théodore Hoffmann, Hoffmann le fantastique », ainsi que l'appelle Théophile Gautier en son *Albertus*. Or, le poète ne se trompait point en affirmant que « Hoffmann est populaire en France. Ses contes, ajoutait-il, ont été lus par tout le monde... Ce succès se soutient et s'accroît d'année en année... Peintre, poète et musicien, il saisit tout sous un triple aspect : les sons, les couleurs et les sentiments... Il saisit très bien le côté plaisant et risible de la forme, il a sous ce rapport de singulières affinités avec Jacques Callot et principalement avec Goya, ...dont l'œuvre à la fois bouffonne et terrible produit les mêmes effets que les récits du conteur allemand[2] ». Ce rapprochement est très judicieux. Ajou-

celébrées en grande pompe au temple protestant de Passy. La partie musicale y fut dirigée, et le grand orgue tenu, par l'auteur de ce livre. Ne la quittons pas sans rappeler les éloges qu'en avait fait Paul de Saint-Victor : « Son originalité est dans la finesse qu'elle sait donner au couplet risqué et au mot grivois. Elle gaze, quand elle veut, avec des doigts de fée, la réticence qui glisse, le sous-entendu qui effleure, le trait retenu qui chatouille malicieusement les coins du sourire, ce sont là ses grâces et ses enchantements. » — Et celui aussi qu'en fit Saint-Saëns : « Outre sa beauté et son talent, elle possédait une admirable voix de mezzo-soprano. »

[1] Il avait été confectionné par Jules Barbier d'après un drame odéonesque écrit en collaboration avec Michel Carré.

[2] Extrait d'un article paru dans *le Messager*, du 4 mai 1838, et que l'on confrontera d'intéressante manière avec l'appréciation formulée par Henri Heine en son livre *De l'Allemagne*.

tons que bien des contes n'offrent rien de fantastique.
Cette épithète leur vient des traducteurs français qui
dénommèrent ainsi les *Tableaux de fantaisie dans la
manière de Callot*. Et Théophile, ici encore, a raison
d'estimer qu' « ils devraient plutôt être appelés *Contes
capricieux et fantasques* que Contes fantastiques ».
Au reste, l'Allemagne ne les aimait que modérément,
et sans invoquer d'autres témoignages, rappelons que
dans une de ses *Nénies*, Gœthe recommandait aux
artistes de fuir « ces lieux où l'on aperçoit des bandes
innombrables de contes effrayants » qu'il compare au
« limon verdâtre de l'enfer de Dante ».

Quoi qu'il en soit, la magique évocation devait opérer
sur l'imagination du public français. Le nom d'Hoffmann, comme personnage principal, ceux des autres protagonistes, empruntés à trois de ses contes : *L'Homme au
sable*, *Le Reflet perdu* et surtout *Le Violon de Crémone*,
avec la touchante Antonia et un diabolique Docteur
Miracle, Méphistophélès de cette Marguerite, agirent en
talismans effectifs. La musique en décupla l'importance
et l'action. Le musicien le prévoyait bien lorsqu'il écrivait à Carvalho, directeur de l'Opéra-Comique : « Hâtez-
vous de monter ma pièce ; je suis pressé et n'ai qu'un
désir : en voir la *première*. » Celle-ci n'eut lieu que le
10 février 1881. Le succès en fut immense et durable.
On avait regrettablement supprimé le troisième acte
(rétabli depuis), mais l'affabulation n'en était guère plus
obscure. L'un des attraits de cette pièce est l'incarnation — qui se produit trois fois — de quatre person-

nages en un seul acteur. Toutefois le principal en est
assurément la musique, où Offenbach s'est livré tout
entier : les chœurs d'étudiants, la *Légende de Klein-
zach* (revoir ci-dessus le *Roi Carotte*, les couplets de
Nicklausse et de Frantz, tout cela est bien du musicien
d'antan. Mais la Chanson de Daperduto, la romance du
ténor, au dernier acte, celle d'Antonia : « Elle a fui, la
tourterelle », nous révèlent un poète des sons que nous
n'avions pu jusque-là qu'entrevoir. Enfin, trois pages
admirables suffiraient à nous faire connaître en lui une
sorte de Novalis ou de Lenau musical : la délicieuse
Barcarolle à deux voix, le menaçant trio : « Pour con-
jurer le danger... » et celui qui le suit — non moins
dramatique — : « Tu ne chanteras plus » — Et j'y ajou-
terais volontiers la phrase Mendelssohnnienne : « C'est
une chanson d'amour qui s'envole », mais en la sépa-
rant du reste d'un duo vraiment trop vulgaire.

L'interprétation des *Contes* eût vraisemblablement
ravi chez Hoffmann le poète et le musicien. Mme Adèle
Isaac, chanteuse de grand style, Talazac, Taskin, Grivot, Belhomme et Gourdon firent plein honneur au
maître. Et Auguste Vitu pouvait équitablement écrire :
« Après *les Contes d'Hoffmann*, le nom de Jacques
Offenbach, déjà si populaire, se trouve singulièrement
grandi. »

Et maintenant, essayons de conclure :

Redisons-le : sur l'homme tous les témoignages con-
cordent : il fut bon, loyal, généreux. Assurément, il

avait de lui-même la plus haute opinion et s'admirait autant qu'il s'aimait[1]. Mon confrère et ami André Gresse m'a conté avoir vu, sur un des murs de l'appartement du maître, le portrait de celui-ci avec cette simple et si sincère dédicace : « A son meilleur ami, Jacques Offenbach. » Et il y eût pu ajouter : « A son plus ardent admirateur, » se proclamant heureux de vivre, à l'instar de Pierre Gringoire, avec un homme de génie qui était lui-même.

Il exerçait largement l'hospitalité et en tirait de grandes joies. Les *Vendredis d'Offenbach*, en son appartement de la rue Laffitte, étaient célèbres et recherchés : artistes, gens de lettres et journalistes s'y pressaient. En 1857 on y fêta joyeusement la fin du monde, annoncée comme prochaine, mais, comme on sait, remise *sine die*. La *polka des mirlitons* y fut dansée par Delibes, Jonas, Duprato, Ludovic Halévy et autres camarades. « *Les 132 couplaies de celles d'Egypte*, complainte fantaisiste et attristante du jeune About » furent détaillés, « vu l'incapacité musicale de l'auteur, par le jeune Hector Crémieux », capable de « racheter la fausseté des sons par la pureté des intentions ». On assista enfin à « ces exercices de force et d'agilité » que constituait « la lutte d'Offenbach contre les difficultés de la prononciation française ».

D'autres fêtes s'affirmèrent dignes de celles-là : Un

[1] C'est du moins l'opinion commune, mais je dois impartialement reconnaître que Saint-Saëns a dit qu'Offenbach n'avait jamais affiché de vanité démesurée. - Mettons qu'elle ait été mesurée — ce qui sied d'ailleurs à une vanité de musicien.

bal costumé, avec Bizet et Nadar en bébés, Delibes en
pioupiou, Gevaërt en Peau-rouge, Gresse en cuisinier,
tenant en main sa poêle à frire, et le buste orné d'une
brochette d'ustensiles en guise de décorations, enfin
Gustave Doré opérant, en marchant sur ses mains, une
entrée sensationnelle! Puis la triomphante exécution
d'une *Symphonie de la basse-cour*, avec cris et glousse-
ments variés et *solo* de petit chien dont on a par mégarde
froissé la patte.

Certes, de tels divertissements méritaient bien ce
titre décerné à l'un d'eux : *Compagnie d'assurances
mutuelles contre l'ennui*. Aussi les actionnaires en
étaient-ils nombreux. Suivant l'élégante formule de nos
Courriers des théâtres, « on refusa du monde » le soir où
fut représenté *Faust* avec cette distribution incontestablement originale : Faust et Méphistophélès respec-
tivement, sinon respectueusement, incarnés par les
peintres Detaille et Berne-Bellecour, et Marguerite —
ô Gœthe! ô Gounod! — par Albert Wolff! L'orchestre,
composé d'un piano et d'un cornet à pistons, était à la
fois constitué et dirigé par Victorin Joncières.

La villa Orphée, à Étretat, résidence estivale de la
famille Offenbach, n'était pas moins bien pourvue de
réjouissances. C'est là que furent célébrées les noces
d'argent de l'heureux ménage. Et partout la compagne
du musicien se mettait, avec une charmante et discrète
amabilité, au diapason voulu, dont le nombre de vibra-
tions était déterminé par l'infatigable activité d'Offenbach.

L'APOTHÉOSE D'OFFENBACH
Dessin d'Édouard Detaille (Bibliothèque de l'Opéra).

« Que d'esprit dans cette physionomie si expressive
et si originale! Que d'énergie dans ce petit corps, si
frêle, si délicat, si chétif! » Ainsi l'a dépeint son ami et
collaborateur Halévy, dans ses *Notes et souvenirs*.

Quant au musicien, nous l'avons suffisamment étu-
dié en détail pour qu'il soit aisé de résumer en peu
de mots ces multiples impressions. On les pourrait, au
surplus, formuler en un seul, en disant qu'il est *vivant*.
Mais, entendons-le bien : vivant sans trêve, sans un
instant de répit ou de langueur; sa Muse est toujours
en marche, semant autour d'elle rythmes et mélodies
avec une infatigable prodigalité. D'ailleurs, s'il écrivait
vite, il supprimait non moins rapidement ce qui lui
paraissait faire longueur et par là nuire au succès de
la pièce, selon l'irréfutable aphorisme de Scribe : « Ce
que l'on coupe n'est jamais sifflé. » Son harmonie est
d'une simplicité translucide, ce qui ne signifie nullement qu'elle soit indigente. Son instrumentation attire
les mêmes appréciations; c'est, en somme, celle des
classiques, et il en tire de fort heureux effets. Cela n'empêche point le sévère Fétis de juger « vulgaire sa veine
mélodique », comme il qualifie de « criarde à la fois et
malingre son orchestration », suivi en cela par le continuateur de sa *Biographie universelle des musiciens*,
Arthur Pougin. Leur confrère Chouquet n'est pas plus
tendre, en son *Histoire de la musique dramatique en
France*, envers ce « caricaturiste, dangereux rieur, qui
transforme nos scènes parisiennes en Petites-Maisons ».
Mais il n'est pas difficile d'opposer à ces excommunica-

tions un peu bien sévères des opinions plus indul-
gentes, et c'est à quoi nous allons procéder.

Nous ne ferons pas grand état des éloges de Meyerbeer qui, doucereux et habile diplomate, s'en montrait
volontiers prodigue[1]. Mais nous rappellerons que Reyer
reconnaissait l'originalité d'Offenbach, « spirituel musi-
sien qui » — naturellement ! — « buvait dans son
verre ». Joncières célèbre sa verve, son esprit, sa déli-
catesse, son profond sentiment de la scène. « Il a pu
écrire de la *petite* musique, mais c'était un *grand*
artiste. » — Ce sont les mêmes paroles dont s'était servi
Wagner en parlant d'Auber. Et il écrira les suivantes
en une lettre du 1er mai 1882, adressée à Félix Mottl :
« Voyez Offenbach. Il sait faire comme le divin Mozart...
Offenbach aurait pu être comme Mozart. » Et Rossini,
donnant son portrait à l'auteur de *la Belle Hélène*, l'en-
richissait de cette dédicace : « A Jacques Offenbach, au
Mozart des Champs-Élysées[2]. » Il est vrai qu'avec ce
diable d'homme, on ne pouvait jamais savoir jusqu'à
quel point il parlait sérieusement...

Mais continuons l'appel des témoins : Massenet constate chez Offenbach « une invention musicale si éton-
nante, qu'elle fait de lui un des plus grands musiciens
de tous les pays et de tous les temps ». Claude Ter-

---

[1] Nous avons mentionné plus haut son éloge de *la Chanson de Fortunio*.

[2] Joignons à ces opinions celle de M. Paul Bourget, écrivant à propos
d'un air de la *Belle Hélène* : " Au mont Ida trois déesses". « Cet air
délicat et canaille à la fois, un paradoxe de grâce mondiale dans le
chahut, du Mozart de cabinet particulier. » (*Pendant la bataille.*)

rasse, l'un de ses successeurs dans ce domaine, loue chez le maëstro « sa prodigieuse veine mélodique, sa bouffonnerie débridée, la plus capricieuse fantaisie, de la grâce aussi et de la couleur,... la puissance du rythme, d'un rythme persistant, obstiné, saillant, qui entraîne dans un mouvement vertigineux des scènes entières. »

Mais il est une appréciation devant laquelle nous devons nous arrêter, en en détachant les plus marquants passages : c'est celle que publia Saint-Saëns, en reconnaissant tout d'abord qu' « il est dangereux de prophétiser. Naguère », poursuit-il, « en parlant d'Offenbach, rendant justice à ses merveilleux dons naturels et déplorant le gaspillage qu'il en avait fait, j'avais eu l'imprudence de dire : la postérité ne le connaîtra pas[1]. Et voilà que la postérité me donne tort, Offenbach revient à la mode. Nos compositeurs du jour, oubliant que Mozart, Beethoven, Sébastien Bach lui-même, ont su rire quelquefois, méprisent la gaîté, la déclarent inesthétique, et comme le bon public ne peut se résigner à s'en passer, il revient à l'opérette, et naturellement à celui qui en fut le créateur[2] et le véritable fournisseur ».

---

[1] En un article paru dans *le Voltaire*, peu après la mort d'Offenbach, et où il reprochait à l'opérette d'avoir « donné à l'univers civilisé le goût, le désir, presque la passion de tout ce qui est vil et petit ». On voit qu'il fit à ce sujet une amende très honorable !

[2] En réalité, le véritable créateur de l'opérette est Hervé (1825-1892), dont Offenbach fut le continuateur, avec une bien autre envergure. D'ailleurs, l'auteur de *L'Œil crevé*, de *Chilpéric*, de *Mam'selle Nitouche*, et surtout du *Petit Poucet* était un maître de la farce, mais auss

Quelles sont ses qualités? « Une verve comique, une
abondance mélodique inépuisable. » Ses tares ? « Une
prosodie en *porte à faux*, le manque de goût; il écrivait mal, son éducation première ayant été négligée. »
La balance établie, reste « une œuvre d'une abondance
prodigieuse, très riche d'invention mélodique, pétillante
d'esprit, d'une verve endiablée, comparable à celle de
Grétry, lequel n'était pas non plus un grand musicien
et écrivait mal. Ce qui le différencie profondément
d'Offenbach, c'est le souci, non seulement de la prosodie, mais de la déclamation qu'il cherchait à reproduire
musicalement avec le plus d'exactitude possible... Bien
qu'il ne fût pas un grand musicien, Offenbach, dont
l'instinct naturel était surprenant, a fait, çà et là, de
curieuses trouvailles harmoniques... Mais elles sont
rares... Il improvisait sans cesse, et avec une invraisem-
blable rapidité. » — Conclusion : « Jacques Offenbach
deviendrait-il un *classique*? Ce serait inattendu. Mais
à quoi ne faut-il pas s'attendre ? »

— Évidemment. — Au surplus, pourquoi Offenbach
ne pourrait-il être intronisé « classique » ? Le Diction-
naire de l'Académie, en 1835, définit tels les auteurs « qui
sont devenus *modèles* ». Offenbach n'est-il pas l'auteur
d'opérette « modèle » ? — « Un vrai classique », d'après
Sainte-Beuve, « a parlé à tous dans un style à lui. »

justement dit Victorin Joncières, « un artiste, un musicien remarquable-
ment doué qui eût été capable d'écrire des œuvres sérieuses ». Il était
en outre acteur-chanteur amusant. La *Chronique musicale* le qualifia
— ce qui sous sa plume n'était pas un éloge — d' « Offenbach du boulevard du Temple ».

N'est-ce point ce qu'a fait Offenbach ? — « J'appelle le
classique le *sain*, et le romantique *le malade* », décla-
rait Gœthe. Or, quoi de plus sain que le rire d'Offenbach, même lorsqu'il agite nos nerfs un peu violem-
ment ? — Vous voyez donc bien qu'il peut être enré-
gimenté sous la bannière du classicisme, dût celui-ci
élargir complaisamment ses frontières[1] !

Au jugement de Saint-Saëns relativement aux pré-
cieuses facultés musicales d'Offenbach, nous pouvons
ajouter quelques remarques. Bien que son orchestre
soit généralement très simple, il ne se prive pas d'y être
original. Il sait agréablement doubler la ligne vocale
par l'intervention d'un instrument qui en vient appuyer
la signification. Il surprend par l'étincellement joyeux
d'un coup de triangle et fait battre à propos la grosse
caisse pour marquer le paroxysme d'une situation, etc.
Çà et là, par exemple dans le rondeau de Metella (*Vie
parisienne*), un contre-chant de violon trace un duo
avec la mélodie de l'héroïne, ce qu'imitera plus loin la
clarinette. Dans le *Violoneux*, un solo de violoncelle rappelle la prédilection du compositeur pour ce fidèle com-
pagnon de sa jeunesse. Ailleurs, il a tiré un heureux
parti des qualités bouffonnes du basson et du clapotis
des timbales. Un professeur de composition, siégeant au
Conservatoire, « retrouvait dans *Orphée aux Enfers* des
sonorités de Mozart, en un passage où la flûte suit le

[1] « Les opérettes d'Offenbach sont classiques à côté des opérettes
anglo-saxonnes... L'opérette française avait tout de même, en son bon
temps,... de l'esprit, une fantaisie intarissable et une verve endiablée.
(Lucien Solvay : *De l'Évolution théâtrale*.)

basson à la double octave ». — Rendons à Mozart ce qui est à Mozart, sans aller toutefois jusqu'à un dangereux parallèle, et redisons avec Reyer : « Offenbach trace droit son petit sillon, et ne se croit pas plus le rival de Mozart que Dantan ne se crut le rival de Phidias le jour où il fit cette collection de statuettes qui le rendit célèbre ».

Observons toutefois qu'aucun exemple tiré des partitions d'Offenbach ne figure dans les traités d'orchestration de Berlioz, Gevaert, Widor, Riemann, Em. Ergo, Paul Gilson, ou Guiraud, et pourtant ce dernier aurait pu aisément, s'il l'avait jugé instructif, citer au moins un effet tiré des *Contes d'Hoffmann* dont il acheva si fraternellement l'orchestration.

Reste à considérer notre homme en tant que confrère. Il ne se montra point méchant : un peu persiffleur à l'égard d'Adam — qui pourtant, nous l'avons constaté, l'avait si franchement défendu — et aussi envers maints compositeurs dont le tort principal était d'obstruer à son détriment la scène de l'Opéra-Comique. — Il fut parfois assez aimable pour Wagner qu'il estimait « pétri dans un limon classique », mais il lui dénia le grade de « chef d'école » tout en le considérant comme « une individualité puissante ». C'est toujours quelque chose ! (N'oublions pas cependant de noter que *la Belle Hélène* avait présenté — paroles et musique — une désagréable allusion à celle de Wagner.) Quant à Berlioz, il l'admirait sincèrement. Lors du banquet offert au grand romantique le 29 décembre 1846 en l'honneur de *la Damnation de Faust*, sous la présidence du baron Taylor, ce fut lui qui prit la parole au nom des artistes allemands. On a vu comment le critique du *Journal des Débats* lui en témoigna sa gratitude en déversant sur le misérable *Barkouf* toutes ses réserves de bile !

Enfin Offenbach professait un culte sincère pour Mozart, Méhul, Grétry, Rossini, Haydn, Mendelssohn, Weber, Meyerbeer, Boïeldieu, Hérold, Halévy, Grisar, Donizetti et Ambroise Thomas.

Considérons en terminant que s'il a eu des prédécesseurs — avec Cimarosa, Pergolèse, Nicolo Isouard, Adolphe Adam[1], et bien d'autres — encore une fois, sans oublier Hervé, — il n'a pas manqué de successeurs ; mais ceux-ci, dont les plus marquants semblent être Charles Lecocq, Emmanuel Chabrier et André Messager, auxquels nous joindrons Audran, Varney, Planquette, Serpette et Terrasse, édulcorèrent beaucoup son esthétique. Et c'est avec raison que M. Paul Souday écrivit, en un judicieux article célébrant *le Centenaire d'Offenbach*, « La longue génération de compositeurs qui s'est adonnée à l'opérette jusqu'aujourd'hui n'a pas pratiqué comme lui le genre bouffe, mais une sorte de diminutif de l'ancien opéra-comique. » Hélas ! ce dimi-

---

[1] « Si Adolphe Adam, qui est mort pauvre, avait imaginé d'appeler « opérette » *le Toréador* et de fabriquer d'autres produits portant la même étiquette, il fût devenu millionnaire, ayant plus d'idées et de savoir qu'il n'en fallait pour cela. Il n'a manqué à l'ingénieux compositeur qu'un parolier bien inspiré pour le mettre sur la voie de cette fructueuse exploitation. » (Ed. Fétis, dans l'*Indépendance*, 1868.)

nutif s'est, en ces dernières années, encore diminué,
rétréci, atrophié, et les ramas de grossièretés et de pla-
titudes qui constituent — paroles et musiques dignes
les unes des autres — le répertoire de ces indescrip-
tibles chahuts ne sauraient se réclamer d'Offenbach, non
plus que de ce qui fut « le genre éminemment français ».

Bref, Offenbach continue de surgir et de dresser sa
fantastique silhouette au-dessus du domaine qu'il a si
largement ensemencé. Une petite brochure, extrême-
ment laudative, publiée en 1872 sous le pseudonyme
d'*Argus*, exposait ainsi les causes du succès de notre
héros : « L'auteur de *la Grande-Duchesse* avait compris mieux qu'aucun autre qu'il fallait une musique
bouffe au peuple le plus gai de la terre, et, *s'inspirant
de la musique française et de la musique allemande*, il
avait inventé un genre nouveau dans lequel personne n'a
pu l'égaler jusqu'à présent » (ni depuis lors, ajouterons-
nous). Et un journaliste berlinois écrivait parallèlement :
« La musique d'Offenbach a l'esprit français, mais elle
conserve toujours le cœur allemand. » Ces justes appréciations d'une Muse gallo-germaine ont trouvé leur
définitive expression dans ces lignes de M. Lucien
Solvay, où, après avoir rendu un légitime hommage
aux deux meilleurs collaborateurs d'Offenbach : Meilhac
et Halévy, il ajoute que « la rencontre de ces trois
esprits fut merveilleuse, et que la verve du musicien
s'aiguisa au contact de ses librettistes. L'ironie fine et
souriante de ces derniers se corsa d'une franchise de

rythmes qui la mit en valeur. L'inspiration d'Offenbach
y ajouta tour à tour le charme sentimental de la petite
fleur bleue qui fleurissait dans son cœur d'Allemand et
la verve mélodique de sa nouvelle âme d'un Parisien
gouailleur[1] ». Oui, c'est bien la fleur que Gœthe avait
aperçue « dans l'ombre d'un bois », et transplantée en
son jardin. Depuis ces temps lointains, l'azur en a singulièrement rougi... Mais c'était alors celle qu'allait
cueillir Ruy Blas pour la reine d'Espagne, en disant :

> . . . . . Elle aime une fleur bleue
> D'Allemagne . . . .

Terminons par le rappel d'une pensée de La Bruyère :
« Où il est mauvais, il passe bien loin au delà du pire ;
c'est le charme de la canaille ; où il est bon, il va jusqu'à l'exquis et à l'excellent, il peut être le mets des
plus délicats. » Ce que l'auteur des *Caractères* dit là de
Rabelais ne pourrait-il, avec non moins de justesse,
s'appliquer à Offenbach ?

[1] *De l'Évolution théâtrale.*

BIBLIOGRAPHIE SOMMAIRE

MIRECOURT (Eug. de). *Auber, Offenbach*. Paris, 1869.

BISSON (Alexandre). LAJARTE (Th. de) et BAUDOIN (G.). *Petite Encyclopédie musicale*. Paris, 1884.

MARTINET (André). *Offenbach, sa vie et son œuvre*. Paris, 1887.

CHOUQUET (Gustave), dans *Grove's dictionary of music and musicians*. London, 1890.

BELLAIGUE (Camille). *Études musicales et nouvelles silhouettes de musiciens*. Paris, 1898.

SERVIÈRES (Georges). Offenbach avant l'opérette. *Guide Musical* des 14 et 28 août 1910.

BRANCOUR (René). Le Centenaire d'Offenbach, dans *le Correspondant* du 25 juin 1919.

LE SENNE (Camille), dans *l'Encyclopédie de la musique*. Paris, 1921.

SOLVAY (Lucien). *L'Évolution théâtrale*. Bruxelles et Paris, 1922.

SCHNEIDER (Louis). *Les maîtres de l'Opéra français : Offenbach*. Paris, 1923.

BETHLEEM (L.) et collaborateurs. *Les opéras, les opéras-comiques, les opérettes*. Paris, 1926.

Album Musica. *Offenbach, sa vie, son œuvre*. Paris s. d. (contenant un résumé bibliographique de H. de Curzon).

INDEX ALPHABÉTIQUE

DES OEUVRES CITÉES

TABLE DES GRAVURES

TABLE DES MATIÈRES

1253. — Évreux, imprimerie Ch. Hérissey.   7-1929

www.ingramcontent.com/pod-product-compliance
Lightning Source LLC
LaVergne TN
LVHW020704200726
843508LV00002B/878